O PODER DO PERDÃO

Perdoar as pessoas pode mudar sua vida para sempre

Caro leitor,

Queremos saber sua opinião sobre nossos livros. Após a leitura, acesse nosso site (www.editoragente.com.br), cadastre-se e contribua com sugestões, críticas ou elogios.

Boa leitura!

Janise Beaumont

Tradução de Maria Alayde Carvalho

O PODER DO PERDÃO

Perdoar as pessoas pode mudar sua vida para sempre

Gente editora

Gerente Editorial
Alessandra J. Gelman Ruiz

Editora de Produção Editorial
Rosângela de Araujo Pinheiro Barbosa

Controle de Produção
Elaine Cristina Ferreira de Lima

Tradução
Maria Alayde Carvalho

Projeto gráfico e diagramação
Idée Arte e Comunicação

Revisão
Bete Abreu

Capa
Idée Arte e Comunicação

Impressão
Assahí Gráfica

Rua Pedro Soares de Almeida, 114, São Paulo, SP – CEP 05029-030
Telefone: (11) 3670-2500
Site: http://www.editoragente.com.br
E-mail: gente@editoragente.com.br

Dados Internacionais de Catalogação na Publicação (CIP)
(Câmara Brasileira do Livro, SP, Brasil)

Beaumont, Janise
O poder do perdão : Perdoar as pessoas pode mudar sua vida para sempre / Janise Beaumont ; tradução de Maria Alayde Carvalho. -- São Paulo : Editora Gente, 2011.

Título original: The power of forgiveness.
ISBN 978-85-7312-767-6
1. Autoajuda 2. Felicidade 3. Perdão I. Título.
11-10610 CDD-158.2

Índices para catálogo sistemático:
1. Perdão : Relações interpessoais :
Psicologia aplicada 158.2

SUMÁRIO

Parte 3
Agora é oficial...

Parte 4
Perdoar a si mesmo

1.

Não se zangue... vingue-se

Muitas vezes penso que o ódio tem efeito parecido com o da heroína. Ambos fazem você se sentir fabuloso por algum tempo, mas em seguida passam a devorá-lo por dentro. Assim, as chances futuras de alcançar seu pleno potencial correm grande risco de irem por água abaixo antes mesmo de acontecer. O lado mais irônico disso tudo é o fato de que, embora você continue a detestar e desprezar o objeto de seu desafeto muito depois do evento causador de tamanho rancor – por mais banal que esse episódio possa ter sido –, está apenas ferindo a si mesmo, enquanto o "inimigo", neste exato momento, provavelmente aproveita a vida bem mais que você.

Há grande magia no aprendizado do perdão. E, se é assim, aplique-se nos estudos e aprenda a abençoar essa pessoa que, no passado já remoto, fez você ensopar tantas vezes o travesseiro chorando uma oportunidade ou uma ilusão perdida.

Essa não é uma tarefa fácil – não se você for como eu, que poderia facilmente conquistar a medalha de ouro em qualquer olimpíada que incluísse em seu programa a modalidade "ódio". Tive, aliás, na juventude uma excelente mentora na disciplina do ódio. Amanda ensinou-me lições como: "Se tiver paciência de esperar o tempo necessário, você conseguirá o que quer". Ela queria dizer que eu teria a chance de me vingar e que essa vingança se tornaria ainda mais doce se fosse preciso esperar dois ou três anos. "A paciência é a chave do carma", explicava. Com isso ela certamente não advogava a causa do alívio do ressentimento durante esse período de espera. Não havia para mim a menor possibilidade de deixar de ansiar, nem por um momento, pela oportunidade de ouro de executar minha vingança terrível.

Dessa forma, evoluí para um grau muito mais requintado e espiritual de reação, e meu mantra se tornou: "Primeiro vingança, *depois* perdão". Eu me encontrava naquele nível em que era muito mais fácil perdoar um namorado traidor se antes entrasse no apartamento dele e cortasse as mangas de seu terno de grife mais novo e mais caro, um Hugo Boss, por exemplo.

> Meu mantra se tornou:
> "Primeiro vingança, depois perdão".

Jamais contei isso a ninguém, mas durante alguns meses namorei um rapaz que, de repente, passou a me intimidar com atitudes e comentários de alguém que trata as mulheres com pouco mais consideração do que se costuma dispensar a uma Barbie. Quando rompemos, rezei para que sua próxima namorada o tratasse da mesma forma com que ele me tratara: como lixo. Essa seria, eu acreditava, uma retaliação satisfatória para mim. Quando isso de fato aconteceu, senti uma cálida satisfação, que durou um microssegundo, depois experimentei uma espécie de vazio. Mas, Deus é testemunha, em minha sede de vingança nunca cheguei tão longe a ponto de contratar um matador profissional para quebrar as pernas de um namorado ou patrão que me magoasse, no estilo dos filmes de Hollywood. Planos assim tão espetaculares não tinham lugar em meus esquemas. Eu me parecia mais com uma princesa passiva e rancorosa.

Uma colega de escola me disse certa vez: "Os rapazes não guardam rancor, ao contrário das garotas. Essa é uma das maiores forças deles". Esse comentário me atingiu em cheio porque, pela primeira vez, me permitiu compreender que o perdão e a superação nos libertam. Os rapazes brigam, esquecem tudo e logo voltam a se divertir juntos, enquanto as garotas que se desentendem podem revelar uma tendência infernal à vingança. Eu me pergunto, portanto: quem é inteligente nessa questão?

PARTE . 1

NÃO SE ZANGUE... VINGUE-SE

2.

Rainha da maldade

Na época em que trabalhava em um jornal de Londres, morei com um jornalista tipicamente britânico. Essa relação foi, para mim, cheia de altos e baixos. Eu me comportava como a rainha da maldade e insistia em ser sistematicamente perversa com ele, embora soubesse o tempo todo que me amava muito. Hoje sei que poderia ter sido mais gentil com o rapaz. A atitude cheia de classe com que se despediu de mim no aeroporto, tempos depois, me impressionou. Enquanto ele me abraçava pela última vez, admiti arrependida que eu fora um osso duro de roer e o magoara com demasiada frequência. "Mas valeu a pena, e eu faria tudo outra vez", replicou.

Ele de fato era sincero: não estava zangado comigo nem guardaria nenhum rancor. Sua dignidade e sua generosidade me pareceram inspiradoras. Tomei meu lugar no avião que me levaria a Nova York e jurei que tentaria livrar-me da raiva que carregava de uma verdadeira pilha de homens e mulheres do meu passado. À medida que o aeroporto de Londres desaparecia de minha vista através da janela do avião, o mais estranho pensamento me assaltou: lembrei-me na verdade de várias pessoas "merecedoras" do meu rancor, mas percebi também que durante tanto tempo eu me recusara a perdoá-las que já não era capaz de saber o que haviam feito para que as odiasse tanto. Pelo que podia recordar, tratava-se de alguns mal-entendidos – e mesmo assim continuei a detestá-las, desperdiçando toda aquela energia por uma razão nada louvável.

Enquanto a comissária de bordo me estendia o segundo drinque, prometi a mim mesma que tentaria "ficar esperta". Que loucura! Tive a súbita visão de que me tornaria, aos 40 anos, uma mulher velha e murcha como uma uva passa se não desenvolvesse a habilidade de me recuperar diante das decepções e traições.

Coincidência ou não, no fim de semana seguinte passei por um teste interessante. Eu estava hospedada com um casal de amigos em Connecticut. Outro velho amigo chegou de San Francisco, de modo que nós quatro esperávamos por alguns dias de diversão e repouso. Mas as coisas, apesar do bom início, acabaram da pior maneira.

Tudo começou com uma conversa banal. Tentávamos sobrepujar uns aos outros contando histórias de balconistas grosseiras de lojas sofisticadas (no estilo da experiência vivida pela personagem de Julia Roberts no filme *Uma linda mulher*). Mike e Cindy, nossos anfitriões, contavam casos hilariantes até que chegou minha vez. "Vocês se lembram do Dan, aquele namorado que eu tive? Pois Dan me contou que certa vez uma balconista pedante de uma loja Gucci resolveu tratá-lo com desdém só porque consultava os preços dos cintos de couro, de modo que ele contra-atacou: 'Escute, mocinha, não ouse me tratar como um pé-rapado porque *você* provavelmente vem de ônibus para o trabalho!'"

Nesse momento, lembrei-me de repente de outra coisa e me voltei para Cindy: "A propósito, recebi uma carta de Dan pouco antes de deixar Londres. Ele mandou lembranças a todos vocês e me pediu para contar que ainda leva garotas para passar o fim de semana em Los Angeles, mas agora se casa com elas antes disso".

Eu juro que, durante a leitura dessa carta, não percebi nenhuma mensagem oculta nas palavras de Dan – não até notar a estranha expressão estampada no rosto de Cindy. Naquele instante me dei conta de um fato: ela certamente também havia passado um fim de semana secreto em Los Angeles com meu namorado enquanto eu ainda estava apaixonada e fazia amor com ele.

Cindy correu para o toalete, mas eu a segui. Entre soluços, ela guinchou: "Obrigada por arruinar meu casamento!". Ocorre que, apesar de todas as suas negativas passadas, Mike sempre suspeitara de um caso entre Cindy e Dan, e agora eu inadvertidamente confirmava essa suspeita.

Fiquei contrariada por causar tamanho estrago na verdejante Connecticut, mas estava, acima de tudo, estarrecida pela descoberta de que Dan e Cindy tinham sido capazes de me trair daquela maneira. Enquanto eu lhe fazia tantas confidências sobre nosso namoro, ela e Dan "escaparam" para viver um fim de semana safado. Eu fora traída em grande estilo.

O clima entre nós ficou bem gelado naquela noite, mas na manhã seguinte, coincidência ou não, Cindy e eu levantamos cedo e fizemos as pazes na cozinha, numa conversa na qual ela jurou não ter ido para a cama com meu namorado durante o agora famigerado fim de semana. "Sei...", pensei apenas.

> Tive a súbita visão de que me tornaria, aos 40 anos, uma mulher velha e murcha como uma uva passa se não desenvolvesse a habilidade de me recuperar diante das decepções e traições.

No período seguinte a essa descoberta, pensei ter conseguido enfim a capacidade de perdoar alguém. Mas tempos depois percebi que ainda estava magoada e furiosa. Afinal, a coisa de que menos gosto na vida é ser enganada. Foi necessária a passagem de alguns anos para que eu me desvencilhasse da vontade de punir Cindy e Dan por aquela aventura. De alguma forma, infelizmente, foram anos perdidos: nunca mais poderei recuperá-los.

3.

Dê o troco ou supere

Creio ser uma aluna muito lenta no que diz respeito às coisas importantes. Felizmente já não me comporto como a advogada das causas do rancor. Meu novo mantra, "A felicidade é a melhor vingança", tem mais força que o inferno da retaliação.

Muito bem, o perdão pode nos ajudar na busca da libertação. Mas todos nós temos nossas falhas. Nem sempre somos bem-sucedidos em nosso propósito logo na primeira tentativa – ora porque nosso coração ainda não está pronto para esse ato de paz, ora porque a pessoa que queremos perdoar não permite uma aproximação.

Há ocasiões em que você
não consegue perdoar, mas é preciso
valorizar o esforço que faz para isso.

Alguns anos atrás fiz um curso de desenvolvimento pessoal. Em uma das aulas nos sugeriram que pensássemos em alguém que nos tinha enganado e mais tarde, em casa, telefonássemos para a pessoa em questão dizendo estar tudo perdoado. Uma jovem participante do curso escolheu o ex-marido na esperança de uma reação mais cordial dele, que sempre ridicularizara seu interesse por temas como reencarnação e esoterismo, assim como sua admiração por Shirley MacLaine e outros famosos adeptos dessas crenças. Quando chegou em casa, a jovem ligou para o ex-marido e disse: "Olá, aqui é a Melanie. Estou fazendo um curso de desenvolvimento pessoal, e lá me disseram que pensasse em alguém que eu gostaria de perdoar e fizesse contato. Só quero dizer que perdoo você por todas as coisas terríveis que me fez quando éramos casados". O sujeito explodiu em riso e respondeu apenas: "Vejo você na próxima encarnação, Shirley!". Em seguida desligou na cara dela. Nossa! Talvez tenha ficado ofendido com o fato de a ex-esposa enfatizar somente os defeitos *dele*, você não acha?

Não consigo recordar quem escolhi, embora tenha uma vaga lembrança de que não fui exatamente bem-sucedida. Mas quer saber de uma coisa? Entendo agora que a vida é curta demais e não vale a pena punir-se só porque "a outra parte" rejeita suas tentativas de desatar velhos nós. Tampouco vale a pena afogar o coração em um mar de lágrimas se você perceber que ainda não consegue superar a causa de uma antiga mágoa. No entanto, por que pelo menos não *tentar* o perdão para lavar a alma? Não há nada a perder.

Em meus tempos de jornalista novata, perguntei certa vez, timidamente, à famosa feminista Germaine Greer* por que ela sempre reagia às situações com sua aguerrida postura antiga em vez de recorrer a todo o conhecimento que adquiriu sobre a posição à qual a mulher tem realmente direito no mundo. Ela respondeu: "Ora, eu faço isso o tempo todo porque a metade da satisfação está na luta!". Menciono esse episódio porque a abordagem de Germaine pode ser bem útil. Há ocasiões em que você não consegue perdoar, mas é preciso valorizar o esforço que faz para isso – e seu esforço deve ser considerado bastante bom.

* Germaine Greer, nascida na Austrália em 29/1/1939, é uma das mais importantes e polêmicas feministas do século XX e também se destacou como jornalista, atriz e escritora. Sua obra principal é *A mulher eunuco.* (N.T.)

4.

Às vezes é o perdão que encontra você

Sei o que você está pensando. Uma pessoa com minha história, tão cheia de lances de sarcasmo e agressividade, não deveria escrever um livro sobre perdão. Bom, antes eu do que alguém que nunca sentiu a tentação de fazer outra coisa além de "dar a outra face". Tenho pelo menos excelentes condições de comparar a angústia do ódio com o alívio da superação. E acho oportuno contar como este projeto teve início.

Não faz muito tempo fui ao encontro de uma amiga para tomarmos juntas o café da manhã. Penso nela como meu anjo da guarda. Na verdade, é isso mesmo que ela é – uma pessoa humana incrivelmente espiritualizada e evoluída, sempre disposta a dar uma palavra de conforto e um sábio conselho quando as coisas não vão bem (o que no meu caso é bem frequente). Embora às vezes passemos longos períodos sem nos ver, sei que ela sempre me envia pensamentos positivos em favor de meu bem maior.

Durante esse encontro, eu passei de repente a falar com insistência na importância do perdão. E, já que ela trabalha na área editorial, acabei por sugerir: por que não encarregar alguém de escrever um livro sobre um tema que poderia transformar muitas vidas? Minha amiga gostou da sugestão, mas quando cheguei em casa alguma coisa mudou dentro de mim. Além de ficar mais entusiasmada com a ideia a cada minuto que passava, comecei a me apropriar dela. Eu queria escrever o tal livro. Eu *precisava* ser a autora dessa obra. Como se não bastasse, rainha do drama que sou, suspeitei que poderia simplesmente morrer de tristeza caso essa tarefa fosse destinada a outra pessoa. Ao perceber o quanto estava ansiosa, enviei um e-mail a minha amiga editora.

Logo ela respondeu demonstrando interesse, mas uma feira internacional de livros monopolizou sua atenção durante algum tempo, e o projeto entrou em compasso de espera. Durante sua ausência tive um encontro que definitivamente me convenceu de que eu era a pessoa certa para escrever esse livro. Tudo aconteceu, por incrível que pareça, durante uma consulta médica.

Eu precisava de um dermatologista e me lembrei da doutora Adrianna Scheibner, que conhecera anos antes, na Califórnia, onde a entrevistei para falar de sua técnica de tratamento a laser, muito renomada então. A doutora contava na ocasião com uma clientela bem ampla que abrangia de astros de Hollywood a jovens que desejavam livrar-se de suas tatuagens.

Adrianna, que nasceu na antiga Tchecoslováquia e foi criada na Austrália, consolidou sua altíssima reputação graças à revolucionária técnica de rejuvenescimento epidérmico que desenvolvera, sem falar de seu incrível trabalho na correção de marcas congênitas e de cicatrizes, além da remoção de tatuagens. Era uma profissional líder em sua área e fora convidada para ensinar suas técnicas nos Estados Unidos. O doutor Arnold Klein, dermatologista muito querido em Hollywood, pediu a Adrianna que se instalasse perto de seu consultório, em Beverly Hills, apresentando-a em seguida a um seleto grupo de cirurgiões plásticos e outros médicos especialistas. Pouco tempo depois, o próprio doutor Klein chegava a encaminhar até dez pacientes por dia aos cuidados dela. A vida profissional de Adrianna ultrapassou então seus sonhos mais delirantes.

Ela alcançara, nessa área altamente especializada, o sucesso extremo. Um artigo de jornal a descreveu assim: "Guru do laser para os astros do cinema e salvadora para crianças e adolescentes que sofrem com cicatrizes feias ou tatuagens com símbolos de gangues". Adrianna estava encantada e completamente envolvida com sua artística ciência. Mas, alguns anos depois, o impensável aconteceu.

Essa médica jovem e bonita, talentosa e tremendamente bem-sucedida sofreu um revés espetacular, e foi como se desaparecesse em pleno ar – até que, naquele dia de inverno, eu precisei consultar um dermatologista.

Alguém me contou que Adrianna retomara o exercício da profissão após um período forçado de ostracismo. Foi preciso muita persistência para descobrir seu novo endereço, mas consegui enfim marcar uma consulta. Ela caminhou até a sala de espera e me olhou com a mais completa surpresa.

"Você se lembra de mim?", perguntei. E ela, radiante: "Finalmente! O universo levou uma eternidade para promover este encontro! Procuro por você há mais de um ano. Quando não consegui achá-la, passei literalmente a rezar para que o universo trouxesse você de volta à minha vida. Ainda não tenho muita certeza do motivo desta urgência que sinto, mas nós logo descobriremos. Eu lhe asseguro: sua vinda aqui hoje não é apenas coincidência".

5.

Quando se perde tudo

Adrianna fora enganada roubaram seu dinheiro, sua reputação e a capacidade de ganhar a vida — pelos especialistas financeiros que deveriam cuidar de seus interesses, mas simplesmente desviaram seu patrimônio. Ela perdeu tudo e se viu reduzida à condição de morar em um pequeno automóvel.

A enormidade dessa traição foi espetacular. No grand finale a ela reservado por seus falsos guardiões não faltaram os holofotes da mídia para destacar a figura de Adrianna por todas as razões erradas. Em uma cidade na qual apenas os vencedores têm algum valor, ela agora era vista como a maior derrotada entre os perdedores. Recordo a enorme tristeza que senti na época ao ler sobre sua queda de tão grande altura.

Durante nossa conversa, mencionei meu assunto preferido naquele período, o projeto do livro sobre perdão. O rosto de Adrianna se iluminou:

Mas essa é a minha *história! Toda ela diz respeito ao perdão. As recompensas do perdão verdadeiro e completo são tão imensas e fantásticas que, se eu soubesse, teria feito isso muito antes. E há mais: se todas as pessoas compreendessem o que poderiam ganhar se perdoassem sinceramente aqueles que lhes causaram mal, com certeza fariam isso no mesmo instante, não importa a dimensão do mal recebido. Ainda que apenas um décimo da população conseguisse perdoar de verdade, o resultado disso seria nada menos que a completa transformação do mundo como o conhecemos! Você pode imaginar um mundo onde as pessoas são genuinamente felizes e vivem para desenvolver seu pleno potencial? Eu posso, e isso talvez ocorra ainda durante a nossa existência se alguém for capaz de explicar os efeitos do perdão – e esse alguém aparentemente é você.*

Esse foi um grande momento apesar das dúvidas que senti sobre minha capacidade de realizar a tarefa que Adrianna descrevera com tanta eloquência. Mal podia esperar o retorno de minha amiga editora para lhe contar tudo.

Após a assinatura do contrato, decidi começar essa aventura de escrever um livro entrevistando Adrianna. O que mais me atraía na história dela dizia respeito aos extremos que experimentara – o sucesso espetacular e o golpe, seguidos da vergonha de perder tudo – e à forma como o ato de perdoar seus algozes permitiu que ressurgisse das cinzas melhor do que antes. Quando fiz perguntas sobre aqueles que tanto a prejudicaram, respondeu com muita franqueza dizendo que, na verdade, ela prejudicara *a si mesma.*

Eu não tinha, na época, a consciência de que foi a soma de todos os pensamentos acumulados em minha mente subconsciente que atraiu as pessoas que acabaram por manifestar meus maiores medos e aspirações. Ninguém me fez nada que eu mesma não tivesse permitido.

Todos trazemos conosco, desde a mais tenra infância, uma espécie de caldeirão repleto de pensamentos e conceitos. É o que fazemos com esse reservatório incrivelmente grande de argumentos e contra-argumentos acumulados que determina o que acontece conosco.

O conceito que eu precisava superar era o de ser uma vítima da traição. Na verdade, dei forma a essa ideia ao longo da vida toda. Eu alimentava em algum nível profundo da subconsciência a expectativa de que alguém me trairia – e isso de fato aconteceu.

Eu só consegui olhar para ela e murmurar: "Puxa!". Estava chocada não apenas pelo que acabara de ouvir como também pela realidade de suas palavras que me atingiram como um raio. Esse também sempre fora meu modo de ver o mundo.

Se todas as pessoas compreendessem o que poderiam ganhar se perdoassem sinceramente aqueles que lhes causaram mal, com certeza fariam isso no mesmo instante, não importa a dimensão do mal recebido.

Aproximei um pouco mais minha cadeira e pedi a Adrianna que continuasse.

A mente atua como uma câmera cinematográfica dentro de nossa cabeça – e nós projetamos seu conteúdo para o mundo exterior. Os atores que se enquadram em nosso roteiro são então atraídos para nós. Penetram no "filme" e manifestam tudo aquilo em que acreditamos. Como não temos consciência do fato de que nossos pensamentos determinam o que acontece conosco, acreditamos que as outras pessoas nos fazem mal e nos magoam. Nosso único inimigo real está dentro de nós. Ninguém pode nos causar mal sem nossa permissão. É por meio dessa permissão que conferimos aos outros poder sobre nossa vida.

Meu primeiro passo, essencial, foi assumir a responsabilidade por meu papel nesse drama. Dei-me conta de imediato de todo o poder que eu delegara aos outros, particularmente às pessoas que me vitimaram com minha permissão. A força resultante dessa mudança de atitude interior me deu mais energia e tornou meu sono melhor. Passei a acordar mais descansada, sem a sensação atormentadora de ter vivido pesadelos dignos de um gladiador. Já não ficava cansada, nem mesmo após longas horas de atividade.

É fácil dizer "não quero mais ser vítima". Mas mudar tão profundamente nosso quadro mental a ponto de não permitir nem mesmo a sombra de um único pensamento negativo é uma questão muito diferente. Quantas mulheres juram nunca mais aceitar relações violentas e abusivas para em seguida re-

cair na armadilha e atrair o mesmo tipo de parceiro? Como disse Buda: "O milagre maior é mudar um único pensamento".

6.

Chega de ser vítima

Adrianna sentia muita urgência quanto à necessidade de rever seus pensamentos como se a própria vida dependesse disso. E era, de fato, assim.

Eu precisava mudar, mais do que uma pessoa que está morrendo afogada necessita desesperadamente de um sopro de ar salvador. A tarefa de me livrar de todo aquele reservatório de velhos padrões de pensamentos me parecia impossível. Eu queria apenas apertar um botão e apagar tudo de uma só vez. Foi nesse ponto que um programa de doze passos – um conjunto de diretrizes de recuperação de vícios e outros problemas comportamentais – veio em meu socorro. E foi fácil admitir, em meu caso, que eu havia transformando minha vida em um caos.

Além de tudo, Adrianna tinha uma fé inabalável na inteligência e na benevolência do universo, de modo que tomou a decisão de confiar nessa força invisível. Assim, com todo o empenho de seu coração, pôs mãos à obra para restabelecer a ordem no caos em que sua vida se transformara.

É impossível fraudar nossos sentimentos na hora da crise extrema. Não se pode mentir no que diz respeito a Deus. Não se pode falsificar a confiança nem o perdão verdadeiros.

Não tenho a menor dúvida: foi graças à disposição de confiar no poder do universo e a ele me entregar que, um a um, os pensamentos geradores de meus problemas se diluíram em minha nova consciência. Em primeiro lugar e acima de tudo, havia minha atitude perante o dinheiro. Eu me dei conta de tê-lo sempre visto como uma coisa suja. O dinheiro era um impostor que se intrometia naquilo que eu considerava mais sagrado – e certamente o conspurcava. Meu ideal máximo de vida sempre foi ajudar as pessoas. Sem esse ideal, não valia a pena viver.

Aos 4 anos de idade, em sua terra natal, Adrianna desenvolveu uma grave erupção cutânea na face, tão desfiguradora que os outros a tratavam como se fosse leprosa. Esse sofrimento se prolongou por três anos terríveis, e como consequência, ela adquiriu grande empatia por toda pessoa que apresentasse qualquer deformidade física, principalmente problemas faciais ou cutâneos, sobretudo nos casos que envolviam crianças.

Muito cedo tomei a decisão de ser médica para curar doenças cutâneas e ajudar as pessoas que sofrem com esses problemas a se tornar felizes. Carolyn Myss, norte-americana que pratica a medicina intuitiva e mística, chama os que se incluem nessa condição de "curadores feridos". E eu não pensava em re-

compensa. Desenvolvi, na verdade, aversão a tudo o que se relacionasse a finanças, pois considerava um privilégio o fato de estar em situação de ajudar.

Foi por causa dessa enorme aversão ao dinheiro que confiei o lado monetário de minha próspera atividade médica em Beverly Hills a um consultor financeiro e sua equipe.

Esse "consultor financeiro", que chamaremos de Paul (um nome fictício), acabara de cumprir sentença de três anos de prisão por uma fraude bancária da ordem de alguns milhões de dólares. A explicação que deu sobre tais fatos foi tão plausível e ele parecia tão sincero em seu propósito de mudar de vida que Adrianna acreditou em suas palavras.

Não se pode falsificar a confiança nem o perdão verdadeiros.

Adrianna é muito inteligente, por isso fica difícil entender por que, apesar de sua perspicácia, esse homem conseguiu, durante seis anos, desviar recursos de seu patrimônio. Ela somente foi alertada do problema quando mostrou sua documentação financeira a outro contador.

Agora está claro que ele, sua família e seus seletos amigos, além de meu próprio contador, eram todos cúmplices. Nossa tendência é encarar as pessoas que nos prejudicam como perversas, mas tenho hoje isenção suficiente para assumir a responsabilidade por meus pensamentos, que geraram toda a situação, e para compreender as razões da conduta de Paul.

Ele amava tanto a esposa que jurou a si mesmo tomar conta dela em qualquer circunstância. Estava disposto até mesmo a voltar para a prisão. Assim, ainda que de forma estranha, estava certo em sua motivação. Mas o resultado, infelizmente, foi um tremendo prejuízo tanto para mim quanto para todos aqueles que eu poderia ter ajudado. Foi dessa maneira, pelo menos, que as coisas me pareceram antes de meu ato de perdão final e completo.

7.

DO AUGE AO FUNDO DO POÇO

Quando Adrianna chegou aos Estados Unidos, logo se tornou óbvio para ela que nem todos os seus clientes poderiam pagar uma terapia a laser. Embora as marcas congênitas e as cicatrizes fossem não raras vezes desfiguradoras, muitos planos de saúde consideravam apenas estético esse tipo de tratamento, que poderia transformar tantas vidas, e se recusavam a dar cobertura a seus custos. Muita gente nem sequer contava com um plano de saúde, e havia ainda uma multidão de crianças atormentadas pela crueldade alheia. Conhecedora do que isso significava, Adrianna decidiu oferecer tratamentos gratuitos por intermédio de uma entidade que ela própria fundara, a Brave Hearts Foundation.

Ao tomar conhecimento das guerras entre gangues de Los Angeles, ela percebeu outro problema que ocorria em todo o país: as tatuagens representativas de gangues, que crianças e adolescentes carregavam na própria pele. Se esses jovens optassem pelo afastamento da gangue para levar uma vida normal, só poderiam fazê-lo após a remoção dessas insígnias. Adrianna se envolveu na tarefa de levantar dinheiro para a construção de clínicas especializadas na remoção de tatuagens em Los Angeles, Chicago e no Harlem, famoso bairro de Nova York. E, se não fosse o golpe que lhe aplicaram, teria facilmente conseguido seu intento.

A tormenta começou no dia em que meu então contador anunciou que eu teria de requerer falência. Não há palavras adequadas para descrever o que senti quando soube que os esforços da minha vida inteira tinham sido em vão. Eu não apenas passara toda a infância sonhando com o que faria quando crescesse como também gastara cada minuto de meus longos anos de estudo no empenho de garantir meu ingresso na faculdade. Fui apenas a uma festa durante esse tempo todo e passava as férias estudando as disciplinas do ano letivo seguinte. Menciono esses detalhes apenas para que você tenha ideia do preço que paguei para alcançar o auge do sucesso na área da cosmética especializada em laser.

Minha vida se resumiu à investigação da pele humana, sentada durante dias inteiros, olhando através de lentes de aumento. Eu adoro o processo envolvido nos tratamentos – é como a pintura ou o desenho –, mas a necessidade de lidar com os pacientes durante a fase de cura, no entanto, é uma questão bem diferente. Tive de aprender a administrar sua ansiedade, gerada pelo próprio processo de cura, porque eles sempre parecem piorar antes de começar a melhorar. Agora imagine fazer tudo isso com gente famosa, cujo rosto se tornava irreconhecível durante semanas. Eles viam sua carreira tão arruinada quanto o rosto, e por mais que eu cuidadosamente descrevesse o processo de cura eram incapazes de entendê-lo. Entravam em pânico, e eu vivia sob o risco constante de ser processada judicialmente. Alguns chegaram a me ameaçar com denúncias à imprensa e a publicação de fotos horrendas da pior fase do tratamento. Eu tinha de reunir toda a minha coragem e pedir a Deus força suficiente para seguir adiante.

Paulo e sua fiel quadrilha souberam fazer bom uso das circunstâncias: eu vivia tão completamente absorvida no trabalho de tratar e acompanhar meus pacientes até a cura total que eles tiveram a mais absoluta liberdade de manipular meu dinheiro. Além disso, o fato de eu trabalhar pelos resultados que obtinha para os pacientes – e não por dinheiro – facilitou ainda mais as coisas.

Da maneira como ocorreu, o pedido de falência de Adrianna foi indeferido por algum detalhe técnico. Entretanto, naquele estágio, sua vida antiga estava acabada. E ela decidiu dar literalmente fim à vida. Até mesmo planejou tudo da maneira mais racional. Mas, duas semanas antes do dia marcado, uma paciente a procurou e se mostrou obviamente chocada com sua aparência.

"Você está horrível", ela disse, "qual é o problema? Pegue seu filho e vá para nossa casa na Jamaica. Você precisa de férias". Eu sorri e agradeci, mas não aceitei seu gentil convite. Havia tomado minha decisão e estava determinada a acabar com aquele pesadelo. Ela, no entanto, voltou à carga e desta vez foi incisiva: "Escute, estou ligando para meu assistente para que providencie tudo. Você vai para a Jamaica!".

Fez os arranjos necessários com tal autoridade que eu senti que Deus, por intermédio dessa bela mulher, dava um fim abrupto aos meus planos mortais. Considerei tudo aquilo uma intervenção divina.

Não emiti um único som quando Adrianna começou a contar o que aconteceu em seguida. Eu estava fascinada.

Os arranjos para a viagem foram tão rápidos que eu esqueci completamente o grande frasco de pílulas que pretendia tomar para dar cabo da vida, embora ainda estivessem em minha bagagem de mão. Durante essa estada na Jamaica com meu filho, Aaron, na casa de um dos mais importantes produtores de Hollywood e de sua esposa, deparei com seu livro de hóspedes. Ele estava repleto de nomes de celebridades, e minha cabeça começou a girar. Agora que nada havia a fazer além de pensar no caos que eu fizera de minha vida – conforme Paul astuciosamente me levara a acreditar –, olhei fixamente esses nomes famosos e pensei que nunca mais poderia encarar essa gente. Como encarar meu filho e a mim mesma? Como encarar qualquer pessoa? E como, acima de tudo, encarar meus pais?

Minha mente entrou em parafuso. Os mais terríveis pensamentos de total desolação me assaltaram, causando intensa dor física, enquanto a adrenalina atingia níveis insuportáveis para o organismo humano. Os pensamentos se atropelavam – cada vez mais assustadores. Uma verdadeira tempestade se desencadeou bem no interior de minha cabeça, tão fulminante e devastadora que me fez correr em busca do frasco de pílulas. Em estado de estupor, tomei duas delas. Nada aconteceu, portanto tomei outras três, depois mais cinco e mais dez, pois tinha comi-

go dois grandes copos de vodca com suco de laranja para tornar tudo um pouco mais palatável, uma vez que eu nunca fora afeita a bebidas alcoólicas. O sabor e o cheiro me pareceram tão horríveis que precisei tapar o nariz para não vomitar. Continuei a engolir de cinco a dez pílulas a cada gole da bebida. Durante os quinze minutos necessários para fazer tudo isso, comecei a me acalmar. Foi um grande alívio sentir que minha mente se aquietava ao menos um pouco.

Uma hora mais tarde, ali pelas 11 da noite, finalmente senti sono e fui para a cama. Acordei duas horas depois e com um só impulso me sentei na cama, aflita, pois percebi de repente que não podia respirar. Olhei o frasco de pílulas sobre a mesa de cabeceira: estava vazio... Eu tomara 8.000 ou 9.000 miligramas de petidina [droga mais conhecida como Demerol nos Estados Unidos], quantidade suficiente para matar um cavalo e um elefante ao mesmo tempo. A dose de vodca que ingeri fora também grande o bastante para causar coma alcoólico ou pelo menos para me fazer desmaiar.

Eu me encontrava naquela bela mansão, situada em uma parte remota da ilha, e todos os empregados tinham sido dispensados. A casa estava vazia, com exceção de meu filho de 17 anos, que dormia em outro quarto. Não tínhamos carro, e o telefone estava mudo em decorrência de uma tempestade. Mesmo que eu conseguisse chegar a um hospital, seria tarde demais para uma lavagem gástrica. Assim, ali mesmo, naquele exato momento, eu me entreguei inteiramente nas mãos de Deus.

Não havia ar nem necessidade de respirar, e entendi nesse instante o significado da frase "nem só de pão vive o homem". Eu me encontrava na dimensão espiritual em que o corpo nem sequer existe, muito menos o ato de respirar. Nesse estado, a respiração não é necessária. O espírito, por si só, é tudo – em sentido absolutamente literal.

Deus salvou minha vida; do ponto de vista médico, foi um milagre. Permaneci sentada na cama durante a noite toda, em estado de completa clarividência e cristalina consciência, pedindo perdão: "Meu Deus, eu não pretendia chegar a esse ponto, por favor, me perdoe". Agora compreendo: é o espírito que sustenta todos os seres vivos, e o corpo nada mais é que um invólucro inanimado. Apesar da gravidade da situação, eu ri alto, e muito, por ter esquecido esse fato. É o conhecimento disso que nos liberta, mas eu simplesmente o bloqueara de minha consciência.

Tornou-se clara para mim, naquela noite, a possibilidade de viver completamente, com toda a força do coração, no mundo espiritual – e ainda assim atuar no plano material. Tudo depende do ponto onde acreditamos estar nosso tesouro. Essa experiência me proporcionou um despertar espiritual.

Agora compreendo: é o espírito que sustenta todos os seres vivos, e o corpo nada mais é que um invólucro inanimado.

8.

Quando é preciso juntar os pedaços

Adrianna retornou a Los Angeles grata por estar viva e determinada a enfrentar todos os obstáculos, embora seu ex-consultor financeiro sempre tenha tentado convencê-la de que não poderia fazer nada sem ele.

Eu ainda acreditava no que me haviam dito durante anos – tudo acontecera por minha culpa. Agora via, com horror, o quanto eles tinham permitido que minhas finanças se arruinassem: eu devia meses de aluguéis e impostos atrasados.

Eles tiveram de planejar uma saída, que consistia em induzir-me a pedir falência e depois a cometer suicídio. Quase conseguiram. Antes de sugerir a falência, eles tinham outro plano: tentaram convencer-me a fazer um seguro de vida no valor de 3 milhões de dólares. Paul queria que eu assinasse um testamento fazendo dele meu executor. Tudo muito óbvio, mas mesmo assim de nada suspeitei. Como eu era ingênua, a vítima perfeita! O que me manteve de pé foi o fato de que, nessa época, eu passava muitos fins de semana na cadeia, removendo tatuagens com símbolos de gangues, como parte de meu trabalho para a Fundação Brave Hearts. Isso proporcionava uma segunda chance àqueles jovens. Minha vida se tornava mais triste a cada dia e o estresse que me esmagava chegara ao limite, mas isso nada representava diante dos horrores que eu ouvia daquela gente. Algumas vezes senti vergonha de pensar que minha vida era um inferno. Em comparação com aqueles meninos, eu vivia no paraíso.

Adrianna me contou que Paul era viciado em Demerol e desviara um lote destinado ao setor cirúrgico da clínica enquanto ela estava fora, de férias. Paul aplicara em si mesmo oito dos dez frascos que havia desviado.

Fiquei em estado de choque. "O que você está tentando fazer comigo? Se os membros do conselho de medicina descobrirem, cassarão minha licença!", exclamei. Minhas palavras se transformaram em uma oportunidade de ouro. Ele primeiramente espalhou o boato de que eu era viciada; em seguida, sua equipe apresentou uma queixa formal ao conselho de medicina na tentativa de acabar comigo e me expulsar da clínica. Enquanto isso, deixaram de pagar meus impostos, de modo que o órgão responsável pela arrecadação lacrou meu consultório. A partir daí as coisas pioraram de tal maneira que eu até faria um desafio aos roteiristas cinematográficos para criar um enredo mais melodramático.

O Natal daquele ano foi o mais desesperançado de toda a minha vida. Meus cabelos, que eram castanhos, ficaram brancos por causa do estresse, e eu intimamente gritava com Deus: "Tudo o que fiz na vida foi ajudar as pessoas, então por que permite que isso aconteça comigo?". Naquele avassalador estado de desespero, eu não me dava conta do fato de que meus próprios pensamentos eram os responsáveis por todo o dano que sofrera.

A dor emocional de Adrianna se agravou tanto que ela efetivamente fez, afinal, o que os boatos a acusavam de fazer: tomou Demerol para aquietar a mente conturbada. Em breve, porém, sua mente se tornou tudo, menos calma.

Eu não era capaz de pensar de forma racional e queria afastar todo aquele sofrimento. Conseguia isso quando tomava Demerol, mas apenas por algumas horas. Abusei tanto da droga que ela deixou de fazer efeito, e eu passei a perder a consciência. Houve momentos em que, mesmo semiconsciente, lembro-me de ver Paul injetando em mim doses que poderiam ser letais.

Mas outro milagre cruzou o caminho de Adrianna.

Deus, porém, agarrou-me pelo pescoço e mais uma vez me salvou: fui convidada a dar uma palestra no Japão. Além disso, uma amiga queria que eu abrisse uma clínica no Oriente e disse: "Se voltar a trocar uma única palavra com ele [Paul], nunca mais falo com você. Terá de fazer uma escolha, ele ou eu". Essa decisão foi tão fácil que me perguntei por que razão me mantivera tão leal a Paul durante tanto tempo. E assim tudo aquilo terminou. Minha amiga me levou embora e, graças a Deus, não tive nenhuma crise de abstinência durante a estada no Japão.

9.

Não se pode falsificar o perdão

Durante os anos de exílio que se seguiram, Adrianna dedicou boa parte do tempo à prática da confiança em Deus, o que considerou muito mais difícil do que parecia. Imagine o que seja evitar a tomada de decisões ou de medidas de sustentação da vida e, em vez disso, entregar-se totalmente à divina providência. Ela me disse que se sentia como uma pena na palma da mão de Deus e devia estar preparada para ser movida na direção em que o vento soprasse. Como resultado dessa nova maneira de viver, Adrianna se deu conta de todos os conceitos rígidos que adquirira desde a infância, assim como da forma como eles contribuíram com todos os "acontecimentos" que a envolveram.

Tudo se resumia a uma escolha clara:

paz e perdão ou justiça e ressentimento.

Aprendi a confiar na concepção maior do universo, na visão mais ampla do quadro. E, uma vez que não mais precisava da maior parte dos pensamentos que antes ocupavam minha mente, eu me aquietei e me tornei serena. O resultado imediato foi uma felicidade profunda, uma alegria completamente independente de qualquer acontecimento externo. Esse estado ultrapassou todo o meu poder de compreensão, e de sua profundidade emergiu inevitavelmente o perdão – em primeiro lugar e acima de tudo de mim mesma. Era preciso perdoar a mim mesma por ter sido tão tola.

Em seguida veio a necessidade de pedir perdão a todos aqueles que, consciente ou inconscientemente, eu magoara. Surpreendeu-me o tamanho dessa lista. Passei a vida tentando ajudar as pessoas, e mesmo assim percebia agora que essa ajuda nem sempre atendera ao melhor interesse delas – apesar das boas intenções que eu tinha. Minha confiança e generosidade, por exemplo, permitiram que Paul e sua equipe se tornassem ladrões. O conhecimento disso me ajudou a perdoá-los muito mais facilmente.

Pela segunda vez, Adrianna enfatizou que não se pode fingir o perdão verdadeiro. Para isso, é preciso esquecer o erro cometido como se nunca tivesse ocorrido, isto é, permanentemente. É preciso, na verdade, nem sequer ver o "erro".

Tudo em minha vida havia dado errado. Foram necessários anos para construir uma reputação e apenas alguns momentos para destruí-la. Em minha área profissional, não se esquece facilmente uma reputação prejudicada, e a minha fora totalmente demolida. A dimensão do que havia a perdoar me parecia imensa. Perdoar seria como dizer que minha vida não tinha importância, que estava tudo certo. Lutei com essa questão muitas e muitas vezes. Só havia uma certeza: se desejasse ser perdoada, eu também teria de perdoar, mas enfrentar esse desafio era um problema para mim.

Dizia a mim mesma "perdoo a todos eles", mas pensava, alguns momentos depois, como seria bom ter de volta apenas uma fração de todo o dinheiro que eu ganhara. Isso não é perdão!

Algumas vezes o ressentimento tomou conta de mim por muito tempo. Em tais ocasiões eu entendia por que escolhera a prática da meditação para afastar essas emoções negativas e reconhecia no ressentimento justificado o mais poderoso veneno conhecido pela humanidade. Era veneno que eu vinha tomando por causa do erro que alguém cometera no passado e estranhamente me parecia bom. Esse passado era irreversível e envolvia pessoas que não nutriam a menor consideração por mim e que provavelmente, naquele exato momento, aproveitavam a vida sem se lembrar sequer de minha existência. Houve então um momento de clarividência durante o qual compreendi que uma parte de minha mente estava viciada nos sentimentos negativos gerados pelo fato de eu ser uma vítima. Que revelação foi essa!

Tudo se resumia a uma escolha clara: paz e perdão ou justiça e ressentimento. Gostaria de dizer que foi fácil e venci imediatamente o dilema, mas a batalha entre o bem e o mal de um lado e a decisão de apenas superar e esquecer tudo de outro lado ocupava todo o meu tempo e toda a minha energia (ainda bem que nessa época eu não trabalhava apenas para ganhar a vida). Dia após dia dedicava tempo e energia a essa escolha, mas cada passo era difícil. Apenas me dava conta do irresistível poder dos pensamentos. Esse processo me lembrava a infindável luta entre Neo e Mr. Smith na série Matrix*: nem bem um pensamento era dominado, surgiam outros 100 para tomar seu lugar.*

No final recorri à mais completa determinação e vigilância, assim como a contínuos apelos a Deus para que me desse forças. Eu queria paz de espírito mais do que justiça ou vingança.

O resultado final para Adrianna foi a reconquista da paz, enquanto os fraudadores e seus cúmplices ficaram impunes. Ela afirma que só depois de completar seu ato de perdão a paz de fato retornou – e com ela uma absoluta satisfação.

Minha teoria é de que o perdão genuíno, quando se manifesta, tem sua maneira de proporcionar inesperados benefícios colaterais. No caso de Adrianna, por exemplo, as bênçãos que cruzaram seu caminho envolvem múltiplas descobertas que representam avanços importantes no campo das técnicas dermatológicas a laser.

A primeira descoberta foi uma forma de tratamento [de peles envelhecidas] em que a ação do laser obtém resultados por meio do rearranjo local do colágeno de modo que as rugas desaparecem, de imediato, sem a remoção da camada superior da pele. Imagine o desaparecimento instantâneo e completo das rugas enquanto a pele permanece suave ao toque e o período de cura se reduz a menos de duas semanas. É praticamente um milagre.

Estive em um encontro da Academia Americana de Dermatologia no qual o professor Rox Anderson, diretor do Laboratório Wellman, que integra a Faculdade de Medicina da Universidade Harvard – não há autoridade maior –, sempre dá uma palestra sobre o desenvolvimento futuro da área de lasers. Já pratico há alguns anos o que o professor Anderson apresentou como uma possibilidade teórica. Depois da palestra mostrei a ele os resultados que tenho obtido com essa técnica, que, a propósito, também permitiu o tratamento das cicatrizes imediatamente após a cirurgia. Ele sorriu: "É ótimo ver você de volta à arena. Suponho que agora quer que eu explique como funciona o que tem feito". E eu apenas respondi: "Certamente. Não posso explicar, só posso fazer".

Muitos cientistas estão envolvidos na busca de um método eficaz e rápido de fazer crescer o cabelo, de tratar cicatrizes e marcas, de reduzir o tamanho dos poros e tornar a pele eternamente jovem e perfeita. A criatividade é o fruto das mentes libertas de velhos conceitos.

Hoje entendo que fui muito afortunada ao me ver envolvida no maior dos infortúnios. Em consequência, depois de tentar tudo o que era capaz de fazer, minha mente atingiu um ponto de parada total, como se colidisse com uma muralha. Encontrei--me completamente só, sem casa, minha reputação demolida, minha vida destruída e meu belo sonho feito em pedaços. Encontrei a saída graças à confiante entrega aos desígnios de Deus e percebi que esse pesadelo teve lugar apenas em minha mente.

Foi como se um ator despertasse de um papel que lhe fora dado por engano e representasse sua vida real. Despertei em uma condição que me mostrou que o perdão nada significava porque não havia ninguém a perdoar.

Durante nossa conversa, eu disse a Adrianna que considero o perdão uma coisa boa desde que isso não me obrigue a desculpar os erros que os outros cometeram comigo nem a jantar com eles.

"Não, você está errada! O perdão verdadeiro liberta tanto que você chega a querer jantar com eles, e em paz. E foi exatamente isso que eu fiz, na verdade, tão logo meu ato de perdão se completou. Bati na porta de Paul, meu ex-algoz, e convidei a mim mesma a tomar uma xícara de chá. Não sou capaz de descrever a sensação de liberdade que me envolveu como resultado dessa vitória sobre minha mente."

O rosto de Adrianna brilha literalmente com a alegria que sente por não guardar rancores e amar todas as pessoas, a começar por si mesma. A disposição de esquecer o passado é um preço modesto a pagar por todos esses tesouros.

Eu diria que seus conselhos aos que percorrem o mesmo caminho podem ser resumidos assim:

- Em primeiro lugar, mergulhe fundo em seu íntimo para descobrir o que não viu até agora e está causando distúrbios de comportamento.
- Seja autêntico no que diz respeito ao perdão a si mesmo e aos outros.
- Confie e se entregue a esse processo e ele criará vida própria.
- E, se for humanamente possível, reserve algum tempo para ouvir com calma e com o coração e apenas siga o fluxo da vida.

Depois observe o que acontece!

10.

A VINGANÇA É O ORGASMO SUPREMO?

A heroica saga de Adrianna faz a superação da culpa parecer um jogo tolo e ingênuo; mas, se é assim, por que tantos participantes ainda não conseguiram sair do marco zero? A eterna peleja da culpa versus uma vida calma e feliz costuma enganar os jogadores novatos. Não vou mentir para você: a verdade é que o planejamento da vingança como consequência imediata de uma traição é francamente orgástico. Mas há um problema: corremos o risco de ficar viciados nessa resposta emocional, nessa "recompensa", e esbarrar no começo da sedutora estrada que leva ao inferno.

Conheço duas jovens que frequentaram a mesma escola e depois se casaram com dois rapazes que eram o melhor amigo um do outro. Por acaso, e quase ao mesmo tempo, ambas souberam que seus maridos andavam às voltas com aventuras, traindo-as várias vezes. Elas então juntaram forças e, entre desabafos e promessas de vingança, arquitetaram um plano para punir os parceiros. Seu objetivo era enganar e humilhar os malandros, e só depois disso a vida voltaria ao normal. O plano deu certo, exceto por um detalhe: infelizmente, quando tudo acabou, os únicos beneficiados foram os advogados dos dois casais.

Confúcio resumiu bem os riscos da vingança com sua arrepiante advertência: "Se você planeja vingar-se, primeiro cave duas sepulturas". Isso diz tudo: traidor e vingador só têm a perder.

A punição é sem dúvida uma forma de reação ao erro cometido. Mas será a *melhor* forma? Bem no fundo sabemos que não porque o ato de punir é apenas um rápido impulso vingativo, inevitavelmente seguido de um dano posterior e maior – não para o outro, e sim para nós mesmos. Logo o outro terá condições de se recuperar de nossa reação impulsiva, enquanto *nós* permanecemos presos ao rótulo "de quem não sabe perdoar". Mesmo que ninguém saiba de nossa atitude radical, o fato é que *nós* sabemos, e só isso importa de verdade. O romancista escocês Robert Louis Stevenson escreveu que "no final, todos nós nos sentaremos para um banquete de consequências". E quem quer uma festa amarga?

> O planejamento da vingança como consequência imediata de uma traição é francamente orgástico.

Entre Confúcio e Robert Louis Stevenson, temos todos os argumentos necessários... Mesmo assim, meu Deus, como é difícil perdoar! Devo ser sincera e confessar que para mim ainda é um desafio abrir mão da opção pela vingança, embora eu saiba que chegou o tempo de perdoar. Sinto falta da emoção e da dúvida envolvidas no ato da vingança, embora esses sentimentos me levassem a um falso paraíso e a uma igualmente falsa sensação de plenitude. Sim, tudo *era* fugazmente divino, mas poderia tornar-se facilmente uma questão de "desfrute agora, pague depois".

Uma vez que consegui compreender uma das mais importantes verdades da vida, imagino que não haja retrocesso possível. Nessa questão do perdão, já não me permito voltar a atitudes imaturas como cortar o paletó de um namorado para punir sua traição, muito menos pensar que isso está certo. Seria mesquinho e infantil, e pessoas realmente maduras não agem dessa maneira.

Mas é difícil eliminar velhos hábitos, por isso algum mau pensamento de vingança poderá ocasionalmente mostrar sua cara feia. Quando isso acontece, procuro imaginar que estou em uma sala e observo, no lado oposto, o erro que acabei de cometer. Olho para ele e digo, com o maior desprezo possível: "Veja só, o idiota fez tudo de novo".

Esse truque sempre dá certo e alivia a tensão.

PARTE . 2

MILAGRES ACONTECEM

11.

Os milagres acontecem!

Experimentei, não faz muito tempo, uma grande reviravolta na vida quando retomei contato com o pai de meu filho após um ressentido e longo afastamento. Nosso último encontro terminara de maneira amarga. Nos anos que se seguiram me pareceu impossível superar o pesar. Minha perspectiva das coisas que dissemos e fizemos continuava sombria, enquanto eu concentrava ainda mais energia na autopunição que impus a mim mesma desde aquele encontro final, que repassei mentalmente mil vezes, pensando também mil vezes: "Se ao menos...".

Devo acrescentar que esse episódio não se manifestou abertamente como um obstáculo em minha vida, mas sempre restaram uma tristeza latente e a ansiedade, de minha parte, pela pacificação entre nós. Mas esses sentimentos difusos se desfaziam como bolhas sob a superfície de todas as demais coisas que eu fazia e pensava.

Surgiu então uma oportunidade de encontrá-lo novamente, e eu decidi aproveitá-la. Várias semanas se passaram até que eu conseguisse falar com ele por telefone e combinar um encontro, o que exigiu empenho e paciência. Nesse período, precisei lembrar a mim mesma a necessidade de manter a calma durante uma conversação dessa importância, qualquer que fosse o desfecho. Mas havia uma certeza: chegara, trazido por essa oportunidade, o momento em que eu estava afinal bem perto de perdoar a nós dois. Creio que o destino, de certa forma, foi gentil ao nos dar mais tempo antes desse encontro.

Não quero entrar em detalhes para proteger a privacidade de meu filho, assim como a de seu pai, no que diz respeito ao que aconteceu exatamente quando nós três nos revimos naquele dia. Mas devo dizer que, pelo fato de ir a esse encontro com o coração aberto, tudo transcorreu muito mais facilmente do que julgávamos – e foi também muito mais prazeroso.

A luz daquele dia foi o jovem Charlie, que nos surpreendeu com sua incrível benevolência. Houve da parte dele uma atitude absolutamente despida de malícia e má vontade. Ao observá-lo naquele momento, eu enfim compreendi qual era a última peça do quebra-cabeça: não havia nada a perdoar.

Sinto que recebi uma grande dádiva. Acendeu-se afinal uma luz em meu cérebro, trazendo-me a convicção de que eu precisava perdoar todos aqueles de quem guardara ressentimentos. Aprendi essa lição com o filho maravilhoso que tenho – durante um dos dias mais felizes de minha vida.

Chegara, trazido por essa oportunidade,
o momento em que eu estava afinal
bem perto de perdoar a nós dois.

12.

Perdoar não significa que vocês serão os melhores amigos

Ao longo dos anos, pratiquei autossabotagem suficiente para me tornar uma especialista no assunto, de modo que conheço bem o que isso pode fazer a uma pessoa. Em contrapartida, também já experimentei o contentamento resultante do ato de romper – figurativa ou literalmente – com esse "vodu" inconsciente. Acho, porém, que muito provavelmente eu precisaria de duas ou três encarnações para evoluir como Adrianna, chegando ao ponto de relevar os delitos daqueles que me traíram e a quem perdoei. Mas essa é uma ideia interessante.

Embora interessante, seria esse peso adicional necessário ao processo de autolibertação da tortura que é o desejo de vingança, sem falar nos efeitos debilitantes da prática do desprezo? Talvez a verdade repouse no meio-termo.

Certamente não há nada errado no fato de continuar a não gostar de uma pessoa mesmo depois de perdoá-la. Se você de fato não aprecia essa pessoa, por que teria prazer em conviver com ela e até em convidá-la para jantar, por exemplo? Por acaso esse gesto magnânimo aproximaria você do paraíso? Adrianna insiste no argumento de que se trata de um nível mais elevado de perdão (e provavelmente esteja certa), mas penso que só na próxima vida serei capaz de tal façanha.

Sei que não deveria tratar esse tema tão importante como uma bandeja de guloseimas, servindo-me apenas das que mais me agradam, mas cada um de nós só faz o que é capaz de fazer, e nem mesmo uma montanha de boas intenções poderá nos tornar santos se não pusermos o coração em nossas ações. É preciso, antes de tudo, que haja vontade.

Não há nenhuma lei que nos obrigue a verbalizar o perdão. Você se lembra, creio eu, do episódio da jovem que telefonou ao ex-marido para dizer que o perdoava pelas coisas horríveis que ele havia feito durante o casamento, mas não mencionou os próprios erros. O homem não apenas não se impressionou como também a julgou uma tola. Ela teria feito melhor se o perdoasse em silêncio em vez de recorrer ao telefone.

Talvez por me considerar seriamente neurótica e por medo de não ser inesquecível, tenho um pesadelo recorrente no qual telefono para um homem indefinido e disparo um discurso no qual digo estar disposta a pôr em pratos limpos todas as velhas maldades que fez comigo. Ele então me pergunta: "Mas eu conheço você?". Por favor, não ria; isso poderia acontecer, e eu teria, assim, motivo para guardar ressentimento de algum fato novo.

Não há nenhuma lei que nos obrigue a verbalizar o perdão.

Seria muito mais seguro, em alguns casos, enviar suas mensagens de perdão de forma não verbal tanto na tentativa de alcançar um nível espiritual de comunicação quanto no propósito de se aproximar da pessoa com uma postura mais afetuosa, isenta de julgamento. Lembre-se de que um abraço demorado pode transmitir muito, sobretudo se for sincero. A outra pessoa provavelmente vai captar sua intenção – e sorrir.

13.

Todos nós temos assuntos mal resolvidos

Gosto cada vez mais de usar os momentos tranquilos que antecedem a hora de dormir para desenvolver conversações imaginárias com as pessoas com quem tenho assuntos mal resolvidos. Embora pareça estranho, esse é um hábito extremamente terapêutico. Há quase sempre grande intensidade nessas conversas unilaterais, assim como nas cartas que escrevemos com emoção, embora sem nenhuma intenção de enviá-las. Penso às vezes que as grandes superações ocorrem no silêncio e tornam desnecessário o confronto direto, cara a cara.

Quero dizer aqui apenas mais uma coisa sobre os benefícios decorrentes da superação dos ressentimentos – desde que haja boa vontade e indulgência. Entendo plenamente que se deve buscá-la, em primeiro lugar e acima de tudo, porque essa é a coisa certa a fazer. No entanto, em minha ainda incipiente convivência com o perdão, estou cada vez mais convicta da existência de recompensas colaterais. Há um episódio em minha vida que pode ser um bom exemplo disso.

Durante as torturantes semanas em que tentei entrar em contato com o pai de Charlie, passei uma noite insone após um funeral porque uma de minhas amigas mais chegadas fizera um comentário inadequado a meu respeito diante de algumas pessoas que ambas estimávamos muito. Fiquei zangada demais por causa disso e não consegui dormir. Na manhã seguinte ela me enviou um e-mail implorando meu perdão e explicando que estava fora de si devido ao pesar causado pelo luto (havia também bebido um pouco além da conta).

> Penso às vezes que as grandes superações ocorrem no silêncio.

Refleti com bastante calma sobre esse incidente e vi com clareza que eu estava diante de uma escolha: poderia ofendê-la com um bom palavrão e dizer que nunca mais aparecesse na minha frente ou levar em consideração todos os anos em que contei com sua gentileza e lealdade, consciente de ser abençoada pelo fato de ter uma amiga igual a ela. Portanto, mandei-lhe outro e-mail como resposta: "Sim, você me magoou, mas vamos deixar isso para trás".

Sei que esse episódio é bastante comum, mas só o mencionei em razão do que houve em seguida. Nessa ocasião, durante minhas tentativas de retomar contato com o pai de Charlie, surgiu um obstáculo: a relutância dele. Depois de tudo o que ocorrera, nem seria plausível culpá-lo por isso, mas recorri ao poder de persuasão da amiga com quem acabara de fazer as pazes. Só ela, que também o conhecia, tinha a doce persistência necessária para me ajudar e de fato aceitou, de boa vontade, essa delicada tarefa. Estou convicta de que, sem sua intervenção, minha tentativa pacificadora jamais teria êxito. Nunca me esquecerei de que, se não tivesse aceitado suas desculpas poucos dias antes, não haveria a possibilidade de lhe pedir ajuda.

Hoje estamos mais próximas do que nunca. Amigas para sempre.

14.

Não se prenda a ressentimentos

A cada dia que passa, torna-se mais claro para mim que apenas os generosos, as pessoas que genuinamente perdoam, compõem uma espécie de elite tão evoluída nas questões espirituais que não apenas são capazes de superar a amargura em seu coração, com toda a naturalidade possível, como *também* chegam ao requinte de compartilhar alegremente uma refeição com os causadores de seu sofrimento.

No outro extremo desse espectro estão as pessoas ferrenhamente presas ao ressentimento, que não sonhariam sequer em convidar seus desafetos para um simples churrasco como forma de celebrar a paz. Qual será, portanto, a trajetória desse segundo grupo? Há para eles a esperança de alcançar a luz do entendimento?

Espero apenas que Deus compreenda que nem sempre é fácil para todos esquecer o passado – porque tampouco é fácil eliminar velhos hábitos. Tomemos como exemplo os casos de amor. Algumas vezes a rejeição e a traição ferem tão fundo que aparentemente a única forma de aliviar a dor é destruir a pessoa que nos traiu, além de aniquilar a reputação de quem tomou nosso lugar, sobretudo se for recente. Mas há um problema: depois de provar o gosto do sangue pode ser difícil parar, saber onde estão os limites.

Uma história que sempre me fascinou diz respeito a Harold Pinter, dramaturgo britânico vencedor do Prêmio Nobel de Literatura, que deixou o lar e o primeiro casamento para unir-se à loira e deslumbrante Antonia Fraser, renomada escritora e biógrafa de origem anglo-irlandesa. A atriz Vivien Merchant, esposa abandonada de Pinter, apareceu com destaque em um jornal de Londres pelas piadas que fez a respeito dos pés muito grandes de Antonia Fraser, acrescentando que ela poderia muito bem usar os sapatos de Pinter. Foi um comentário mesquinho, assim como uma atitude de retaliação medíocre, embora não seja difícil imaginar a humilhação pública que essa mulher acabara de sofrer. Sua reação foi apenas humana, talvez por sentir que aquela seria a única chance que lhe restava de recuperar um pouco da força perdida.

Depois de provar o gosto do sangue pode ser difícil parar, saber onde estão os limites.

No início de minha carreira compareci a uma entrevista coletiva concedida à mídia para promover um filme coestrelado por Vivien Merchant. Era uma atriz extremamente interessante, e sua presença significava sempre uma emoção. Nenhum de nós imaginava, porém, o quanto ela podia ser indecifrável. Mais tarde se soube que jamais aceitara o fato de ter sido rejeitada pelo ex-marido e trocada pela glamurosa Antonia Fraser. A morte de Vivien por alcoolismo, aos 53 anos, foi o triste fim da história.

Essa tragédia constitui o exemplo clássico de uma mulher que, rejeitada, afunda na amargura e perde todas as chances de felicidade. O ex-marido, que saiu de cena após o escândalo, aparentemente não olhou para trás enquanto desfrutava seu maravilhoso segundo casamento.

É tarde demais para Vivien Merchant, mas a mensagem persiste, em alto e bom som, para aqueles que se encontram no barco furado do ressentimento: vá viver a vida!

15.

Quando o trabalho é um inferno

Ocorre o mesmo quando as coisas se complicam no ambiente de trabalho. Segundo as palavras de alguém excepcionalmente inteligente (que nós repetimos desde então): "Ninguém jamais disse em seu leito de morte que gostaria de ter passado mais tempo no escritório".* Afinal de contas, trata-se apenas do lugar onde trabalhamos todos os dias, das 9 às 18 horas. Isso não nos define como pessoas nem diz quem somos nós. É apenas um emprego. Caso seu chefe ou um colega passe a tratar você com indiferença, isso significa que está na hora de realmente levar em conta o que acabei de afirmar.

Quando se é preterido na hora da sonhada promoção que promete um cargo de chefia, além de um salário maior, torna-se muito grande a tentação de desprezar tanto o chefe quanto o

* Frase atribuída a H. Jackson Brown Jr., autor e pensador norte-americano famoso por seus livros de pensamentos e citações. (N.T.)

colega que venceu você nessa corrida para um degrau mais alto e confortável da escada corporativa. Mas há a possibilidade de que você talvez não seja, de fato, o melhor candidato ao cargo – ou talvez não tenha deixado suficientemente claras as suas reais pretensões e ambições.

Encontrei certa ocasião uma executiva que trabalhava em uma organização de caridade. Sabendo que eu conhecia uma das diretoras de lá, aproveitou a oportunidade do encontro para se queixar do fato de não ter sido promovida para uma vaga aberta recentemente na diretoria. Reclamou muito e insistiu no ponto de que ela, sim, teria sido a escolha certa.

Comentei mais tarde essa conversa com a pessoa em questão, que não demonstrou nenhuma simpatia pela queixosa.

"Ela demonstrou querer o cargo ou reivindicou a promoção?", perguntou.

"Bom, acho que não", eu respondi, "aparentemente apenas presumiu que seria escolhida".

"Ora, é mesmo? Mas as coisas não acontecem assim. Na vida precisamos ser proativos e correr atrás de nossos objetivos."

Essa é uma boa questão.

Vou dizer mais uma coisa que descobri (já que a vida às vezes se assemelha a uma brincadeira cósmica): se você trabalha com alguém que parece determinado a tornar sua vida infeliz e só causa problemas com seu chefe, de nada adiantará trocar de emprego. Isso apenas vai perpetuar seu purgatório porque você certamente encontrará o mesmo tipo de encrenqueiro à sua espera no novo ambiente de trabalho. O melhor a fazer é superar a irritação. Seja gentil com esse tipo de gente, aja como se não houvesse nada a perdoar. Acredite em mim, logo surgirá uma mudança em seu favor. Talvez a pessoa seja, por exemplo, transferida para a filial da Patagônia ou, quem sabe, passe a ter atitudes mais cordiais com relação a você.

Em um dos jornais onde trabalhei havia duas mulheres determinadas a acabar comigo, pois faziam coisas horríveis. Imagino que sua intenção era forçar-me a deixar o emprego. Acho que vou morrer sem saber a razão de seu ódio, pois elas com certeza me odiavam, enquanto eu usava como armas, nessa batalha, uma incansável cortesia e a postura de quem jamais notava suas atitudes ferinas. Eu apenas sorria sempre, o que as desarmava, dando-me assim a condição mental mínima necessária para suportar esse ambiente e seguir trabalhando. Um dia, de repente, fui transferida para outra seção do jornal. Não, não fui parar na Patagônia, e sim apenas remanejada para um departamento que ocupava outro andar do prédio, suficientemente distante.

Foi durante esse período um tanto asqueroso que me dei conta de outra coisa importante. A constatação de que nem todas as pessoas vão gostar de você não precisa ser, na verdade, um drama. Não se trata de uma situação que necessite de mudança imediata. Se alguém odeia você, paciência, isso faz parte da vida. Seria tolice reagir ao ódio com mais ódio, fazendo disso moeda de vingança.

Se você trabalha com alguém que parece determinado a tornar sua vida infeliz e só causa problemas com seu chefe, de nada adiantará trocar de emprego.

Tudo parece tão insignificante quando olhamos para trás, considerando o passado sob o ponto de vista atual, não é mesmo? Chegamos a rir de certas lembranças. Já que é assim, por que não acelerar o processo e rir enquanto tudo acontece? Caso se trate, porém, de uma situação que envolva comportamento criminoso, como assédio sexual, o enfoque da questão muda inteiramente, pois não se deve prolongar esse tipo de sofrimento – e muito menos rir dele. Ninguém deve.

Mas vamos prosseguir, pois tenho outra teoria sobre a perda de promoções. Já vi muitas amigas e companheiras de trabalho em lágrimas porque o cargo de seus sonhos foi dado a colegas bem preparadas para dormir com o chefe ou, pelo menos, para flertar escandalosamente com ele, além de usar decotes ousados no escritório. Quer saber de uma verdade? As coisas pertencem às pessoas que as querem mais. Dessa forma, se você se recusa a descer ao nível desses jogos de sedução no ambiente de trabalho, penso que tanto melhor: afinal de contas, você ainda sairá vencedora.

Hoje em dia, ao fazer uma retrospectiva de minha vida profissional, reluto em aceitar o fato de que, para mim, sempre foi um problema perdoar os colegas que receberam aumentos e oportunidades maiores e melhores que os meus. A razão dessa dificuldade de aceitar uma falha tão grave é que fico muito envergonhada. Embora faça parte da natureza humana, a vergonha é um sentimento extremamente patético.

Juro por Deus que não estou tentando encontrar uma justificativa para minha atitude, mas creio que a causa dela decorre do fato de eu ter crescido sem acreditar na existência de dinheiro, amor e incentivo suficientes para ser feliz. Trata-se de uma neurose bastante comum, e acredito que seja também a causa da inveja que sempre senti das pessoas mais favorecidas no trabalho e no amor – ou talvez eu seja apenas uma safada ciumenta.

Li recentemente sobre uma pesquisa reveladora: no caso da maioria das pessoas, a sensação de felicidade está menos vinculada às próprias conquistas do que ao sucesso de outros seres humanos de idade e nível educacional similares. Instala-se em nós uma espécie de "senso de privação" caso a comparação não nos favoreça. É o jogo do melhor que/pior que: "O namorado *dela* é mais bonito que o meu./O carro *dele* é mais novo que o meu./O *seu* bônus de Natal foi maior que o meu".

No ambiente de trabalho ou nas questões do coração, o melhor meio de alcançar a felicidade é analisar, afinal, a nossa vida e dizer: "Isso é suficiente". E, ao mesmo tempo, fazer em silêncio votos sinceros de sucesso para aqueles cuja estrela está em ascendência.

16.

A felicidade é a melhor vingança

Se a vingança for indispensável, a forma ideal de materializá-la é a felicidade. Embora seja perigoso precipitar-se em busca de um novo relacionamento apenas pela tentativa de reação ou pela comprovação de um ponto de vista, esse é um estratagema usado constantemente em Hollywood. Eu me pergunto se as celebridades que já têm no currículo três, quatro ou cinco divórcios optam por uma reação conjunta contra os vários parceiros que as abandonaram. Isso talvez fosse mais eficiente (e pouparia mais tempo) do que "combater" cada ex-cônjuge de forma individual, ano após ano.

Não é exatamente um mérito para nós a constatação de que tratamos como mero entretenimento os infortúnios dos ricos e famosos. Esse, aliás, se tornou o "esporte" principal de nossa condição de espectadores – e é no mínimo bizarro. Baseados apenas nos comentários oriundos de "fontes" e "amigos próximos" veiculados pelas revistas sobre relacionamentos rompidos de forma nem sempre bonita, acreditamos saber o que se passa no coração desses astros que nem mesmo conhecemos pessoalmente. Convenhamos: como isso seria possível?

Eu mesma, por exemplo, nunca me aproximei das mulheres que estou prestes a destacar neste capítulo e no próximo, muito menos conversei com elas sobre seus pensamentos mais íntimos. Não sou, portanto, conhecedora de nenhum segredo que o restante da comunidade desconheça. Mas, quando se trata da reação de uma mulher desprezada, vale a pena mencionar esses pensamentos.

> Se a vingança for indispensável, a forma ideal de materializá-la é a felicidade.

Quero em primeiro lugar destacar a ex-supermodelo Christie Brinkley, que provocou manchetes quando se decidiu por um processo de divórcio litigioso contra o marido infiel, Peter Cook, disputando com ele a guarda dos dois filhos pequenos e a partilha do patrimônio do casal. Ela venceu essa batalha travada, por sua escolha, em sessões abertas na corte – mas a que preço?

Para começar, as crianças certamente tomarão conhecimento dos detalhes podres das atividades extracurriculares de Cook, reveladas durante o processo, e um dia entenderão o impacto que a escolha de sua mãe por sessões abertas causou sobre essas questões tão íntimas. Os detalhes repugnantes da vida sexual de Cook vieram à luz durante os procedimentos legais – em poucas horas o mundo todo soube de suas aventuras e de seu amor pela pornografia –, mas talvez Christie tenha planejado exatamente isso.

Quando soube da opção de Christie por um processo com sessões abertas, o advogado de Cook disse a ela: "Você preferiu assim para acabar publicamente com seu marido".

Foi também memorável a declaração do doutor Stephen Herman, psiquiatra designado pela corte. Diante de uma pergunta do advogado das crianças, ele respondeu que Christie precisava de terapia como "uma válvula de escape para a raiva e o ressentimento causados pela traição" do infiel marido.

No final de tudo, Christie ficou com o patrimônio e os filhos, enquanto o ex-marido foi humilhado. Arrasadora vitória para ela, sem dúvida, mas não é possível evitar uma pergunta: qual será o tributo cármico imposto a qualquer pessoa capaz de colocar a vingança acima de tudo?

Está certa a citação bíblica: "Disse Deus: 'Toma o que quiseres, e depois paga pelo que escolheste'".

17.

O FIM DA HISTÓRIA

Quase ao mesmo tempo, Greg Norman, uma lenda viva do golfe, casou-se com a tenista supercampeã Chris Evert. No processo dessa união, Laura Norman perdeu seu marido, depois de um casamento de trinta anos, *e* uma de suas amigas mais próximas, Chris Evert. Esse foi um duplo revés da pior espécie, explorado pela mídia e humilhante para a ex-senhora Norman, que pouco depois do divórcio mudou seu nome para Laura Andrassy. Ela talvez tenha encontrado grande conforto no acordo de 107 milhões de dólares que recebeu após todos os embates judiciais (sem falar na explosão publicitária) que sustentou com o ex-marido.

Essa quantia representa um monte de dinheiro em qualquer linguagem, e ela deve ter recebido bons conselhos para recomeçar imediatamente sua vida, quem sabe até com um novo par romântico... Mas não. A ex-senhora Norman passou a exigir "sua parte" do pagamento que o novo casal de ídolos do esporte recebera de uma revista pela cobertura exclusiva das meganúpcias, realizadas no Caribe. Aparentemente, Laura não pretendia restringir-se à penumbra nem ao silêncio.

Reconheço que para mim, que não sofri esse tipo de rejeição, é fácil falar. Mas se ao menos um de seus amigos tivesse apontado o fato de que Laura se livrara, em ótimas condições financeiras, do homem que a enganara com uma de suas amigas e a aconselhasse a esquecer o assunto! Além do mais, quem poderia querer de volta um homem que já demonstrara não ser dotado de classe nem de sensibilidade suficientes para evitar um casamento extravagante, imediatamente posterior ao divórcio – e alardeado pela mídia a peso de ouro? Os novos casamentos impudentemente realizados logo após um divórcio penoso deveriam ser modestos e discretos. É simples assim, e a ira de Laura Norman-Andrassy se torna compreensível. Não proveitosa, mas compreensível.

> Ela deve ter recebido bons conselhos para recomeçar imediatamente sua vida.

No outro lado do Atlântico, sir Paul McCartney também enfrentou uma batalha judicial com Heather Mills, sua esposa por breve período, que tentou arrancar dele quase 150 milhões de dólares relatando ao juiz histórias horríveis sobre a forma como o ex-Beatle supostamente a tratara. O resultado foi uma indenização de "apenas" 52 milhões de dólares. Ao deixar a corte após o veredicto, ela atirou o conteúdo de um copo de água no advogado de McCartney, o que nos permite concluir com bastante segurança que não aceitou a decisão do juiz.

Lembrete a Heather Mills: difamar um ícone idolatrado como Paul McCartney não é uma boa ideia – o tiro pode sair pela culatra.

Nós certamente não podemos ler os pensamentos delas, mas não parece nada provável que Christie, Laura e Heather superem tão cedo sua raiva e seus ressentimentos.

18.

Final feliz apesar de tudo

De volta ao planeta Terra, entre os que não são ricos nem famosos, mas apenas mortais, os montantes financeiros resultantes de fracassos amorosos não costumam atingir a casa dos milhões, embora as emoções cheguem a níveis igualmente altos. E, algumas vezes, o impulso de retaliação não conhece limites. Mas você, por exemplo, iria tão longe quanto Lynette Quessy, a esposa vingativa que tentou dar o troco ao marido traidor espalhando vidro moído em sua comida?

Segundo se soube durante o julgamento (sim, ela foi presa), Lynette recorreu a um amaciante de carne para pulverizar o vidro de uma lâmpada fluorescente e guardou as partículas em um recipiente de plástico, prontas para uso. Misturou o vidro moído com a manteiga que passava nos sanduíches do marido e conseguiu executar cinco vezes essa "operação" antes que sua manobra fosse descoberta e ela acabasse detida.

Não deixa de ser interessante o fato de que Lynette já descobrira a traição do marido, depois de duas décadas de casamento, três anos antes. Eles permaneceram juntos, dormindo em quartos separados, por causa dos filhos. Foi apenas quando a escritura de propriedade de um imóvel recentemente comprado em conjunto pelo casal entrou em processo de transferência que ela resolveu executar seu plano de vingança e preparou para o marido, Tim Nash, o primeiro sanduíche indigesto.

Algumas vezes, o impulso de retaliação não conhece limites.

Uma semana depois, ele notou nos biscoitos que Lynette lhe oferecera alguma coisa parecida com sal grosso. Logo, porém, percebeu que era vidro, e o mesmo aconteceu no dia seguinte. Nash, que era esperto, passou a evitar a comida preparada pela mulher e tratou de escondê-la no freezer que mantinha em sua garagem para analisá-la mais tarde.

Nash declarou durante o julgamento que só chamou a polícia depois de encontrar, entre os papéis de sua esposa, uma anotação na qual ela perguntava o que aconteceria com a transferência da propriedade conjunta do casal se um dos dois morresse. Vidro moído nos sanduíches, transferência de propriedade de imóvel... Aquilo não cheirava nada bem!

Tim Nash, felizmente, escapou das artimanhas da esposa sem lesões graves, mas o que você imagina possa ter acontecido nesse estranho caso? Nada disso, você errou. Tudo acabou bem, foi um final feliz.

Pouco antes do julgamento, Lynette declarou-se culpada da acusação de envenenamento e das quatro acusações de tentativa de envenenamento que pesavam sobre ela. Ao proferir a sentença, o juiz disse: "Você admitiu que pretendia ferir seu marido e tinha a intenção de vingar-se dele. Seu ato poderia resultar em ferimentos internos e hemorragia..." Depois de mais algumas considerações, concluiu que considerava improvável a possibilidade de Lynette repetir a tentativa de agressão ao marido, afinal ela sempre demonstrara caráter exemplar.

Tim Nash retirou a queixa contra a esposa, declarando não mais temer pela própria integridade física, uma vez que já não considerava Lynette uma ameaça. Isso permitiria sua volta para casa.

Com a suspensão da sentença de nove meses de prisão que recebera, ela pôde retornar de imediato ao lar e ao convívio da família. Lynette e seu marido se uniram novamente!

Ambos, ao que tudo indica, foram bem-sucedidos no exercício do perdão.

19.

ROMANCE SECRETO NO GUARDA-ROUPA

No que diz respeito à vingança – se alguém ceder a essa tentação –, o segredo é saber o momento certo de abdicar dela e voltar a ser uma pessoa racional. Isso me lembra Ivana Trump,* que deu a palavra final no filme *O clube das desquitadas*: "Lembrem-se, garotas, não fiquem zangadas, apenas peguem tudo".

O que me agrada em Ivana Trump é o fato de que ela se apresenta, na vida real, como uma mulher que foi vítima de uma grande traição e se viu privada, de início, da própria força. Mesmo assim, embora tenha permanecido hostil por algum tempo,

*Ivana Trump, ex-esposa do bilionário Donald Trump, que também atuou como atriz, diz através de sua personagem no filme *O clube das desquitadas: "Remember, girls, don't get mad, get everything"*. Trata-se de um trocadilho intraduzível em português, já que a frase original faz uma brincadeira com as expressões *get mad* (ficar zangada) e *get everything* (pegar tudo), ambas derivadas dos múltiplos significados do verbo *to get*. (N.T.)

mostrou inteligência suficiente para se superar e abrir um cenário diferente para sua história de vida. Essa capacidade aparentemente lhe trouxe realização. Gosto de pensar assim porque ela me parece uma mulher gentil, além de uma vencedora.

Cada um de nós tem um ritmo próprio para fazer as coisas, e se esse processo requer algum tempo, bem, que haja o tempo necessário. É assim que se resolvem nossas questões. Fiquei impressionada, por exemplo, com o ato de fé demonstrado por Jenny Ryan* quando finalmente perdoou o que muitos pais e mães julgariam imperdoável.

Natasha, a filha adolescente de Jenny, fugira de casa e durante cinco anos se escondera no bangalô do namorado, Scott Black. Sempre que havia visitantes, ela se escondia dentro de um guarda-roupa.

> O segredo é saber o momento certo de abdicar da vingança e voltar a ser uma pessoa racional.

A família Ryan acreditava que Natasha estava morta, mas como chorar adequadamente uma perda dessa magnitude se não houver um corpo para enterrar? Essa história sofreu então uma reviravolta bizarra (como se já não fosse o bastante)

* Caso verídico ocorrido na Austrália em 2003. (N.T.)

quando alguém aleatoriamente confessou ter matado a jovem. Durante o julgamento desse suposto crime, porém, uma informação obtida ao acaso permitiu que a polícia encontrasse Natasha sã e salva.

Scott Black foi condenado a um ano de prisão por perjúrio. Natasha, já com 18 anos, voltou a viver com a mãe, que estava ao mesmo tempo muito aliviada e muito zangada. Se Natasha fosse sua filha, você decerto não saberia o que fazer primeiro, abraçá-la ou dar-lhe uns tapas, não é mesmo?

A ligação dos jovens namorados sobreviveu, de qualquer forma, e seis anos depois de todos esses episódios os dois se casaram em uma cerimônia romântica. Nesse dia especial, diante do pai de Natasha, também presente, a senhora Ryan declarou que, embora nunca pudesse esquecer a traição da filha por deixá-la acreditar que estava morta, ela, Jenny, perdoara de todo o coração sua atitude.

PARTE . 3

AGORA É OFICIAL...

20.

Agora é oficial: o perdão faz bem a você

O campo da pesquisa cresceu em meu conceito desde que tive conhecimento de investigações levadas a efeito pela área acadêmica sobre o impacto significativo que o perdão genuíno exerce no bom funcionamento do corpo, da mente e do espírito. Que alvo da análise científica poderia ser mais relevante? Os pesquisadores vêm tentando comprovar, em ambientes controlados, a existência de uma ligação entre a boa saúde e a capacidade de perdoar. Isso é sem dúvida tão incrível quanto uma importante descoberta científica de natureza puramente fisiológica.

Esse tipo de pesquisa é uma especialidade da doutora Kathleen Row, há dez anos chefe do Departamento de Psicologia da Universidade East Carolina, nos Estados Unidos, e seus achados são mostrados em um documentário intitulado *The power of forgiveness*, divulgado pela PBS (Public Broadcasting Service, rede pública de TV norte-americana). Esse documentário ganhou o prêmio de melhor filme no Festival de Cinema de Sun Valley, Idaho, também nos Estados Unidos, e é emocionante saber que o significativo trabalho da doutora Row foi reconhecido com essa honraria. Os resultados comprovados de suas pesquisas mostram uma clara diferença de recuperação dos níveis normais da pressão sanguínea e dos batimentos cardíacos entre as pessoas que perdoam com mais facilidade e as que não são capazes disso. Há ainda uma dupla vantagem: segundo se demonstrou, o perdão produz benefícios não apenas para quem o concede como também para quem o recebe.

Kathleen Row convida os participantes de sua pesquisa a responder a um questionário sobre perdão. Em seguida, em uma consulta particular, solicita que cada participante, ligado a monitores de pressão sanguínea e batimentos cardíacos, recorde e comente um episódio de sua vida em que foi enganado ou traído.

"Um dos achados indica que as pessoas cuja tendência é perdoar mais facilmente relutam em relatar esse tipo de episódio", disse a pesquisadora. "Já as outras pessoas não só concordam logo em falar nisso como também me perguntam por onde quero que comecem seu relato", acrescentou. Ela observou que a pressão sanguínea e o ritmo cardíaco do segundo grupo se elevaram à medida que seus participantes falavam, enquanto os sinais vitais do primeiro grupo, o das pessoas que preferem perdoar, revelaram marcante diferença ao retornar com maior rapidez aos níveis normais. Um detalhe interessante: a doutora Row constatou que, de modo geral, os idosos e as mulheres demonstram maior capacidade de perdoar do que os mais jovens e os homens.

Os pesquisadores, assim como todas as demais pessoas, finalmente se dão conta de uma coisa maravilhosa: há no perdão um propósito tanto fisiológico quanto psicológico – boa saúde e felicidade.

O perdão produz benefícios não apenas para quem o concede como também para quem o recebe.

Acompanhei também o caso de um grupo chamado Campanha Templeton de Pesquisa sobre o Perdão (Templeton Forgiveness Research Campaign, no original), que se dedica ao patrocínio desse tipo de estudo. Seu propósito é monitorar e mensurar os efeitos fisiológicos do perdão e seus benefícios. O que li a respeito disso se revelou tão animador quanto as descobertas da doutora Kathleen Row. Mas o que realmente me surpreendeu foi o caso do diretor da campanha, Everett Worthington, cuja capacidade de perdoar foi posta à prova de forma inimaginável.

Ele mal havia concluído o esboço de um manual que elaborara sobre o processo do perdão quando sua mãe foi assassinada por alguém que entrara em sua casa para assaltá-la e em seguida fugira. E você pode apostar que *esse* inesperado desafio imposto pela vida, assim como a orientação sobre a melhor maneira de lidar com ele, não constava do manual! Worthington admite que, imediatamente após esse crime brutal, ao ver em um canto de sua garagem um bastão de beisebol, afirmou: "Eu queria que o assassino estivesse aqui agora para esmagar seu cérebro com esse bastão!".

No entanto, de alguma forma, encontrou a força interior necessária para pôr em prática o que preconizava. Ele enfatizou o que considerava o componente mais importante do perdão – a empatia. Em seu caso, a empatia pelo assaltante que matara sua mãe. Procurou, da melhor maneira possível, penetrar na mente do assassino na tentativa de entender o que acontecera.

"Posso imaginar o susto que o ladrão tomou ao ouvir atrás de si a voz de minha mãe, que de repente apareceu e perguntou o que estava fazendo ali", disse Worthington. Pensando assim, conforme afirmou, ele conseguiu perdoar o assassino da mãe.

"Eu agora não poderia fazer com que fosse preso nem mesmo se alimentasse todo o rancor e ressentimento do mundo contra ele", declarou.

Enquanto isso, no Hope College, universidade do estado de Michigan, pesquisadores trabalhavam na monitoração de batimentos cardíacos, de índices de sudorese e de outras reações de pessoas que respondiam a perguntas sobre ofensas e mágoas passadas.

"A pressão sanguínea dessas pessoas sobe, o ritmo cardíaco se acelera e a tensão muscular também aumenta", explicou a professora Charlotte van Oyen Witvliet. Esse tipo de observação sugere que as respostas ao estresse são mais intensas durante os relatos de episódios que as pessoas não superaram nem perdoaram. Em condições opostas, de perdão e superação, as reações são normais, bem mais brandas.

Outros cientistas descobriram forte relação entre a capacidade de perdoar e a genética. Pesquisas feitas com chimpanzés indicam que essa ligação pode ser fundamental para a sobrevivência das espécies.

"Em um sistema social cooperativo, existe a possibilidade de que você venha a precisar de seu maior rival no futuro", disse Frans De Waal, do Centro Nacional Yerkes de Pesquisa em Primatas, da Universidade Emory, de Atlanta, Geórgia. Embora extremamente instigante, o trabalho dessa área de pesquisa também revela interesse especial para outra área paralela: a da escola de pensamento que promove o perdão como fonte de paz de espírito. Uma delas fala sobre sobrevivência básica e a outra está focada nos benefícios para a saúde trazidos pelo perdão.

O que é mais importante: sobrevivência ou benefícios para a saúde? Eu escolho as duas opções.

21.

Começar de novo

Juro a você que não julgo os que se apegam a um ressentimento intenso contra as pessoas que os traíram ou enganaram apesar do amor que sentiam por elas. Afinal de contas, quando certas coisas muito ruins acontecem, todos nós tentamos ao máximo afastar dores e sofrimentos insuportáveis. Mas nem sempre fazemos escolhas sábias sob condições extremamente emocionais, quando ainda estamos chocados com o rompimento de um vínculo afetivo ou com uma traição inesperada. Depois provavelmente daríamos qualquer coisa para apagar uma frase ferina ou um gesto agressivo nascidos da raiva.

Mas a grande questão é: estamos sempre certos quando optamos por não perdoar?

Até 2008 eu acreditava que a resposta fosse "não", mas tomei então conhecimento da história de Ingrid Polson, uma pessoa notável. O marido, de quem estava separada, matou seus dois filhos pequenos e seu pai, Peter Polson, e depois se suicidou.

No início daquele dia, antes de acabar com toda a sua família, o ex-marido havia amarrado e estuprado Ingrid. Foi durante o período em que ela buscara socorro no hospital, após a agressão, que o homem cometeu os assassinatos.

Esse caso envolve circunstâncias extremas que representariam, penso eu, uma prova dolorosa até mesmo para a sólida fé de alguém como Madre Teresa de Calcutá. Além disso, o sofrimento de Ingrid foi sem dúvida intensificado pelo fato de que esse homem jamais poderia ser submetido à justiça terrena.

> Nós nem sempre fazemos escolhas sábias sob condições extremamente emocionais.

Quando ouvi pelo rádio uma entrevista de Ingrid ao jornalista Luke Bona, eu me senti nada menos que privilegiada por acompanhar a narrativa que ela fez da própria odisseia, falando sobre sua condição extrema em termos emocionais. Senti-me congelar por um segundo quando Bona lhe perguntou se era possível perdoar e esquecer. O que ela responderia?

“Penso que é possível prosseguir em qualquer caminho que você decida percorrer para fazer isso”, disse Ingrid. “A capacidade de perdão representa um tema sobre o qual me sinto um pouco insegura, pois quando acontecem coisas desse tipo somos incentivados a perdoar aqueles que nos fazem mal. Às vezes, porém, atos imperdoáveis são cometidos, e é compreensível nossa impossibilidade de superá-los – desde que não nos tornemos amargos nem permitamos que eles nos corrompam. Acho razoável afirmar que não posso perdoar, mas posso continuar a viver."

Deus! Ingrid é sábia e corajosa. Além disso, contra todas as probabilidades, é também uma sobrevivente. Nos dias de hoje está em busca da alegria. Suas palavras e atitudes dão a medida exata da capacidade de resiliência do espírito humano. Neste mundo que costuma vomitar elogios e louvores exagerados sobre os craques do esporte e os astros de cinema, da música e da TV, existe também gente como Ingrid Polson, disposta a fazer coisas verdadeiramente sobre-humanas logo após uma grande tragédia.

Ingrid talvez não perdoe o homem que a estuprou e matou sua família, mas através do horror que a envolveu encontrou um caminho de salvação que a levou ao lugar certo para ela. E, nesse processo de continuidade da vida, recuperou seu poder e descobriu uma forma nova de ser feliz. Sua história é no mínimo inspiradora.

22.

Ligue-se à felicidade

Assisti certa noite a um programa de Larry King* inteiramente dedicado ao funcionamento da mente humana. Todos os convidados contribuíram de forma excepcional com o tema, mas a doutora Candace Pert sobressaiu dentre todos quando declarou: "Nós somos naturalmente conectados à felicidade".

Surpresa, gritei para o televisor: "Quem é essa mulher?!". Queria muito acreditar em suas palavras porque, se ela estivesse certa, aquela seria praticamente a melhor notícia que ouvira na vida depois do dia em que descobri estar grávida de meu filho.

Já li 50 milhões de livros de autoajuda, participei de montanhas de cursos que prometiam transformar minha vida e banquei dois anos de sessões de psicoterapia a preços tão altos que chegavam a níveis obscenos, mas em nenhum momento de

* Larry King, pseudônimo de Lawrence Harvey Zeiger, é radialista e apresentador da TV norte-americana. Seu programa *Larry King Live* é sucesso na rede CNN desde 1985. (N.T.)

toda essa roda-viva li nem ouvi nada parecido com a frase de Candace Pert. Eu vivera até ali sob a premissa de que a vida não é um piquenique, as coisas são do jeito que são, e pensava que, na melhor das hipóteses, o que podíamos esperar, depois de anos de doloroso trabalho, era apenas a autoaceitação, com alguns raros momentos pessoais de alegria – se tivéssemos sorte.

E então surge a doutora Pert com sua teoria, que mudou tudo para mim, especialmente depois da descoberta de que ela tem respaldo científico – nada menos que treinamento na Universidade Johns Hopkins.* Eu realmente gostei dela. Quando assisti a sua entrevista no programa de Larry King, cheguei à conclusão de que se trata do tipo de pessoa a quem nós, mulheres, podemos e devemos confiar nossos segredos. Estou convicta de que ela não mentiria a respeito de um assunto dessa importância.

Agora que sei que estamos todos definitivamente programados para a felicidade, cheguei a uma conclusão: nós agiríamos como tolos ao sabotar um caminho que é nosso por direito. Seria, portanto, uma enorme estupidez de nossa parte recusar o perdão a nós mesmos e aos outros, assim como nos sentirmos indignos durante anos porque alguém se recusa a *nos* perdoar. Aprendi com Candace Pert (minha nova melhor amiga) que o universo jamais teve em mente a infelicidade para cada um de nós.

Brad, um amigo meu de 25 anos, frequentou um grupo dos Vigilantes do Peso durante alguns meses. Eu adorava ouvi-lo falar da encorajadora líder de sua equipe. Toda semana, antes da checagem habitual de peso, ela se levantava, olhava bem

* Johns Hopkins University, famoso e conceituado centro de estudos norte-americano localizado em Baltimore, estado de Maryland. (N.T.)

para todos e dizia: "Atenção, alguns de vocês talvez tenham ganhado peso porque comeram uma pizza inteira ontem à noite ou abusaram dos doces durante o fim de semana. Mas sabem de uma coisa? Simplesmente esqueçam e superem!". Ela tem razão. Se tomarmos a decisão consciente de superar nossa raiva de nós mesmos e dos outros e deixá-la para trás, provavelmente alcançaremos com rapidez muito maior uma condição ideal, na qual a regra será o contentamento. Só há um problema: não posso acreditar que precisei de tanto tempo para me dar conta de tudo isso.

Quando penso naquele meu psicoterapeuta que nada fez senão olhar para o vazio durante cerca de uma centena de sessões pagas por mim!... Você seria capaz de imaginar um modo mais fácil de ganhar um bom dinheiro do que apenas ficar sentado de pernas cruzadas, diante do paciente, olhando fixamente para ele e fingindo ouvir suas queixas? Será que meu ilustre terapeuta teria morrido caso me revelasse o segredo da felicidade? Conceito que, afinal, nem é tão incompreensível assim, segundo comprovou a doutora Pert. Eu decidi, todavia, esquecer a raiva que senti dele porque esse tipo de ira (assim como qualquer tipo de ira) é contraproducente.

Seria uma enorme estupidez de nossa parte nos sentirmos indignos durante anos porque alguém se recusa a nos perdoar.

Tenho revisto, desde que comecei a trabalhar neste livro, toda uma gama de episódios do passado em busca de situações nas quais ainda persistam quaisquer mágoas (já identificadas ou não). Diante de cada caso, repito para mim mesma o conselho da líder de equipe dos Vigilantes do Peso: "Simplesmente esqueça e supere!".

Esse recurso tem dado certo, o que acho maravilhoso, e o prêmio é a descoberta de que agora sou capaz de recordar inúmeros incidentes e de analisá-los, pela primeira vez, com olhos adultos. Vou contar um episódio que representa um exemplo perfeito disso.

Voltemos no tempo... Um corretor que conheci enquanto passava alguns dias em uma estação de esqui me pediu em casamento e eu aceitei. Dois meses depois, ele mudou de ideia e decidiu permanecer com a esposa. Sim, o malandro já era casado, e durante muito tempo fiquei furiosa porque ele não mantivera a promessa de se separar imediatamente da primeira mulher. Em uma palavra, eu me deixara enganar e me sentia sufocar de raiva, mas não podia contar nada a ninguém porque se tratava de um romance clandestino. Hoje compreendo que nunca deveria ter esperado honestidade nem integridade de um sujeito capaz de trair a própria esposa e, não satisfeito, de repetir a "proeza" enganando ainda outra mulher depois de mim. Além do mais, eu não tinha o direito de ser tão ingênua a ponto de imaginar que algo de bom pudesse resultar desse tipo de envolvimento.

Eu apenas recebi o que merecia, mas hoje consigo manter-me afastada desse jogo de culpa, assim como da traição que me causou tanta mágoa. Considero até que me saí bem da situação e tive sorte. Afinal de contas, chegou a hora de arquivar esse caso na pasta de "Lições aprendidas".

23.

Não deixe de cantar sua canção

A maioria das pessoas reluta em anotar frases ou pensamentos que exprimem uma verdade que elas precisam ouvir. Em meu caso, costumo copiar as melhores na primeira página da agenda de cada ano, além de cultivar o hábito de ler essas frases todas as manhãs. Uma de minhas prediletas de todos os tempos é a seguinte: "E com um sorriso você se dá conta de que a decepção da noite passada foi apenas uma experiência". Gosto tanto dela porque se aplica de forma muito poderosa a situações nas quais eu facilmente caio na armadilha conhecida como "vingança-e-ódio". Ao contrário do que fazia antes, quando permitia a manifestação de ressentimentos nocivos, sinto-me agora inspirada a reduzir cada incidente desagradável à condição de "experiência".

Se ficarmos presos à amargura,
a canção que viemos cantar

provavelmente jamais será ouvida, e isso é muito triste.

E, para imprimir um final feliz a essa abordagem tão certeira, nada melhor que a percepção de que muitas vezes somos supersensíveis e reagimos com frequência de forma exagerada a palavras e atitudes que na verdade não tinham nenhum intuito de nos ferir. Comecei a entender melhor essa questão alguns anos atrás, quando uma de minhas amigas se afastou de mim. Eu não fizera nada errado, pelo menos até onde me lembrava, e me tornei então uma criatura quase patética imaginando como alguém podia ser tão frio sem razão aparente. Certa noite, durante uma festa, expus o problema a Leon, um amigo de quem gosto muito por ser engraçado e inteligente.

"Leon, como reagiria se alguém fizesse isso com você?", perguntei. Ele riu.

"Eu nem sequer notaria, já que não sou tão sensível."

Tenho feito progressos lentos, mas estou tentando ser menos sensível. Quando conseguir isso, provavelmente não ficarei ofendida com tanta facilidade nem levarei tudo para o lado emocional.

Gostaria de compartilhar com você mais uma frase retirada de minha agenda, desta vez de Tagore,* poeta indiano:

* Rabindranath Tagore (1861-1941), célebre poeta e escritor indiano nascido em Calcutá. (N.T.)

"Algumas pessoas passam a vida colocando e retirando as cordas de seu instrumento, enquanto a canção que vieram cantar permanece em silêncio".

Anotei essa joia de Tagore anos atrás, e desde então a trago comigo. Ela vai ao âmago da questão que tratamos aqui: a superação do rancor e das mágoas passadas. O mais incrível, porém, é que sua verdadeira mensagem brilhou diante de meus olhos durante todo esse tempo, e só recentemente a compreendi. Se ficarmos presos à amargura, a canção que viemos cantar provavelmente jamais será ouvida, e isso é muito triste. Que desperdício!

Isso faz parte do processo de amadurecimento, eu creio, mas a verdade é que estou redefinindo as coisas que são de fato importantes em minha vida. Discussões sobre temas como as razões que nos tornam pessoas decentes e a forma como devemos agir para atingir esse nível me atraem cada vez mais. Em contrapartida, conversas sobre exploração espacial, por exemplo, me entediam. Prefiro ouvir (ou ler) frases inteligentes e inspiradoras que nos levam à reflexão. Pelo que me diz respeito, o planeta Marte pode extinguir-se com seus segredos – e, mesmo que descobrissem lá em cima ruas pavimentadas com delicioso chocolate branco, isso nunca me causaria emoção tão grande quanto a oportunidade de aprender uma nova lição na luta por uma vida de boa qualidade aqui na Terra.

24.

Quando alguém quer que você morra

Você sabe o que é pensar só em amor e romance e a cada momento, e em toda parte, tropeçar em casais de namorados? Suponho que isso aconteça graças à lei da atração. Bom, aqui estou eu, neste momento, envolvida com as infindáveis possibilidades de autoaperfeiçoamento, na busca constante de histórias fascinantes sobre as pessoas que percorrem os vários estágios do caminho da resolução dos próprios problemas. E a melhor parte de tudo isso é o fato de que quase todas elas oferecem lições de vida, o que é muito instigante para os aprendizes retardatários, como eu.

A história que calou mais fundo em meu coração fala sobre um homem que perdoou a filha de 11 anos, que sistematicamente desejava sua morte – e dizia isso a ele. Os dois não se encontravam havia alguns anos, mas quando soube que estava para morrer de câncer hepático o pai ficou preocupado com o risco de a menina vir a sofrer emocionalmente no futuro caso recordasse os próprios comentários cruéis. Ele temia que a filha se sentisse ferida pela culpa de ter causado, de alguma forma, a morte horrível do pai.

Nas últimas semanas da fase terminal de sua doença, ele obteve permissão judicial para deixar à filha uma carta e um DVD nos quais definitivamente a eximia da culpa de desejar sua morte e lhe reafirmava seu amor incondicional.

Ao que tudo indica, ele era uma pessoa especial demais para guardar qualquer tipo de ressentimento contra a atitude cheia de ódio que a filha sempre demonstrara. Embora ambos tenham permanecido distantes um do outro, certamente devemos considerar o pai um vencedor graças à generosidade de seu coração mesmo em circunstâncias tão dolorosas. Resta esperar que alguém tenha ficado ao lado dele para segurar carinhosamente sua mão na hora final.

O gesto magnífico desse bom homem me faz sentir vergonha por todos os anos em que me zanguei diante dos menores deslizes, guardando ressentimento durante muito tempo até mesmo quando alguém "roubava" minha vaga no estacionamento de um supermercado, por exemplo. Eu chegava a fantasiar que estava arranhando o carro do "ladrão" só para me vingar!

Isso é loucura. Afinal, que importância pode ter o fato de precisar dar mais uma volta no estacionamento para encontrar outra vaga? Afinal, muito pior seria ter de enfrentar a pé uma tempestade de neve! Mas eu era bem capaz de transformar uma simples nuvenzinha de patética irritação em uma verdadeira tempestade de mau humor que duraria horas. Sem falar nas vibrações negativas que atingiam o motorista "ladrão de vagas".

Ao que tudo indica, ele era uma pessoa especial demais para guardar qualquer tipo de ressentimento contra a atitude cheia de ódio que a filha sempre demonstrara.

25.

Finja confiança até conseguir o que quer

Algum tempo atrás ouvi uma anedota que mudou tudo. É mais ou menos assim: uma mulher à procura de uma vaga para seu carro dá voltas e mais voltas no estacionamento. Está desesperada, por isso pede a Deus: "Por favor, meu Deus, se o senhor permitir que eu encontre uma vaga, prometo voltar a frequentar a igreja". Dois segundos depois, vê uma vaga bem ao lado da entrada do shopping center. Rápida como um relâmpago, ela diz: "Não se preocupe, Deus. Eu mesma já encontrei uma".

Certo, a piada nada tem a ver com perdão, mas me fez rir bastante. Eu me lembro dela sempre que me vejo tentada a gritar para o motorista folgado que me rouba uma vaga em um estacionamento qualquer: "Espero que o pneu do seu carro fure hoje!". Mas agora, em vez de planejar vingança, eu digo a mim mesma: "Controle-se!".

Devo dizer que Jennifer Aniston é meu modelo nessa questão. Considero que ela demonstrou muita classe, sob a pressão da separação, pela maneira como permaneceu em sua postura digna quando Brad [Pitt] a deixou por Angelina [Jolie] no mais público dos estilos. Espero que sua postura calma (embora sem dúvida estivesse intimamente devastada) lhe tenha permitido seguir em frente, deixando o passado no passado. Ela com certeza merece ser feliz.

A verdade é que se as pessoas, nessas circunstâncias, não desperdiçarem seu tempo enxovalhando umas às outras, poderão refazer sua vida por maior que sejam as dificuldades. Kylie Minogue* foi abandonada pelo namorado francês, Olivier Martinez, que esteve ao lado dela, no entanto, durante todo o seu tratamento de câncer. É óbvio que ambos tiveram bons momentos. Hoje está claro que se tornaram muito amigos, o que provavelmente não teria sido possível caso ela revelasse, na ocasião, sua mágoa e seu desapontamento. Kylie tem no rosto a expressão doce de alguém que sabe perdoar.

Todos nós temos uma escolha:
perdoar ou não.

Enquanto isso, Britney Spears também teve alguns demônios reais para encarar, mas voltou à ativa e certamente merece outra chance. Deve ter enfrentado alguns duros momentos

* Kylie Ann Minogue, nascida em Melbourne em 1968, cantora, compositora e atriz australiana, é um dos maiores sucessos de vendas de discos de seu país. (N.T.)

de autoperdão. De volta à estrada, haverá também, com certeza, muitos momentos em que será necessário fingir confiança e alegria. Desejo muito que seja bem-sucedida.

Mas não me façam lembrar o que sente meu lado vicioso quando estou na academia e aquelas duas mulheres recomeçam a "cacarejar". Isso estraga qualquer chance de concentração, indispensável durante os exercícios. Sinto ganas de investir contra ambas e bater nelas, odiando-as por pelo menos mais vinte anos. Imagine você que sou hoje muito melhor do que fui no passado. Tenho, porém, uma técnica eficaz: olho bem para aquela que está cacarejando mais alto e digo entre dentes: "Vá para o inferno, amiga".

Acredite, isso dá certo, mas é preciso fingir confiança até conseguir o que quero.

26.

Não se abale por pouca coisa

Há outra autêntica "pérola" do meu álbum de episódios desagradáveis que quero contar a você: cerca de quinze anos atrás fui visitar um amigo muito querido que acabara de voltar de uma viagem à Europa. Em dado momento, ele desapareceu em seu quarto e voltou com uma exótica echarpe de seda que comprara em Paris para dar de presente a alguém.

"Não posso dar a ela por causa desta mancha. Minha loção pós-barba vazou na valise. Será que *você* gostaria de ficar com isso?"

Já foi bem ruim a atitude dele ao me oferecer um objeto que nem sequer sonharia dar a outra mulher, mas eu fiz coisa ainda pior: aceitei! "Obrigada", agradeci, e peguei a tal echarpe, que tinha de fato uma mancha enorme. Durante anos, depois disso, espumei de raiva, zangada pelo fato de ter sido tratada como uma cidadã de segunda classe.

Mas consegui superar isso também depois de ler um astuto comentário de Eleanor Roosevelt:* "Ninguém pode fazer você se sentir inferior sem sua permissão".

Recordo a interminável série de pequenas contrariedades que conseguiram me infectar durante tanto tempo e fico doente de vergonha. O que seria pior: duas mulheres que perturbam seus exercícios na academia porque falam demais ou a clara consciência de que sua filha de 11 anos de idade deseja sinceramente que você morra?

Pobre pai! Eu me pergunto se morreu sem saber que era um herói. Mas certamente tornou-se um dos *meus* heróis. Espero que sua filha chegue um dia a ver o DVD deixado por ele e que isso a inspire a tornar-se mais gentil em seus relacionamentos.

Para mim ficou uma mensagem muito forte desse caso de proporções semelhantes a uma tragédia grega: se guardarmos rancor por muito, muito tempo, a morte poderá levar nosso adversário, e nós perceberemos de repente que será tarde demais. A oportunidade de remediar nossos erros estará perdida para sempre.

Pouco tempo depois de tomar conhecimento da história desse pai heroico, eu estava em uma festa de aniversário e comentei os detalhes mais impressionantes com outra convidada, Ruth, que acabara de conhecer. Ela me contou então

* Anna Eleanor Roosevelt (1884-1962), que nasceu e morreu em Nova York, foi primeira-dama norte-americana durante os dois mandatos de seu marido, o célebre presidente Franklin Delano Roosevelt. Mulher igualmente forte e marcante, ela atuou como diplomata e ativista dos direitos humanos. Após a morte de Franklin Roosevelt, nomeada pelo então presidente Harry Truman, serviu como embaixadora dos EUA na ONU. (N.T.)

que seus pais tinham sido prisioneiros de guerra em campos de concentração. Esse fato provocou entre nós uma longa conversa sobre um tema eterno: até que grau de profundidade será preciso mergulhar em nosso íntimo para encontrar a beleza interior que nos permita perdoar os causadores de tão grande sofrimento?

Ruth falou em seguida sobre um documentário que a tocara profundamente e destacava a vida de uma mulher que passara os anos da adolescência em um campo de concentração durante a Segunda Guerra Mundial. A pior das muitas experiências chocantes pelas quais essa pobre mulher passou naquele campo ocorreu enquanto conversava certo dia com sua irmã, também prisioneira. Um soldado caminhou em sua direção e de repente, sem nenhum aviso, da forma mais inesperada, começou a atirar na irmã até matá-la – bem diante dela. É difícil imaginar a dimensão de sua revolta, de seu desamparo e da devastadora sensação de perda que a esmagou. Ela acreditava que as irmãs devem cuidar umas das outras, mas o que poderia ter feito naquelas circunstâncias?

Essa mulher passou os cinquenta anos que se seguiram paralisada por um terrível pesar e um imenso ressentimento até que um dia caiu em si: a única maneira de continuar viva era tornar-se inteira novamente. Embora já fosse então uma senhora idosa, decidiu procurar e encontrar o comandante daquele campo de concentração e confrontá-lo para enfim ficar em paz. Ela conseguiu localizá-lo e, contra todas as probabilidades, ambos se tornaram muito próximos. Segundo Ruth, há uma cena do documentário na qual os dois caminham juntos, de mãos dadas, como bons amigos.

> "Ninguém pode fazer você se sentir inferior sem sua permissão."

Todos nós temos uma escolha: perdoar ou não. Se essa mulher tão corajosa foi capaz disso apesar de sua dor indizível, nós podemos fazer o mesmo com nossos aborrecimentos rotineiros. E nada é mais desagradável do que descobrir, também rotineiramente, que o objeto de nossa afeição é um patife nas coisas do amor.

Eu sempre retorno a esse tema porque para nós, mulheres, ele representa o cenário de perdão com o qual mais nos identificamos. Não podemos dar um tiro nos homens que nos traem, mas perdoá-los logo após a descoberta de que nos enganaram me parece um esforço improvável (e improdutivo).

Lembro-me como se fosse ontem de uma festa durante a qual a própria anfitriã me chamou à parte, longe dos ouvidos de meu namorado. Ela trabalhava em uma floricultura e comentou comigo, pensando que eu estivesse a par do fato, que na véspera meu príncipe estivera na loja para encomendar rosas vermelhas. Sabedora de que eu não sou exatamente fã dessas flores, ela discretamente prestou atenção na colega que atendera ao pedido. Depois da saída dele, conseguiu dar uma olhada rápida no cartão que acompanharia as rosas e notou que o conteúdo era bem romântico. O único problema era que esse cartão não seria enviado para mim.

Agradeci a ela pela denúncia da patifaria e em seguida marchei na direção de meu namorado, saí com ele para o terraço e exigi uma explicação. Sim, ele estava saindo com outra. Ali mesmo, e no mesmo instante, rompi nossa relação e fiquei zangada com ele, *e também* com a autora da denúncia, durante os dois anos seguintes.

Precisava agora perdoar *duas* pessoas, e isso não foi fácil. Afinal de contas, não pela primeira vez, eu me perguntava se não seria melhor não ter descoberto nada.

Você nem precisa me encorajar a falar sobre esse assunto, pois coleciono montes de histórias desse tipo, tudo acontece comigo. Aliás, preciso saber: o problema sou eu ou essas coisas acontecem com as outras pessoas também?

27.

Garotos-propaganda do perdão

O maior símbolo universal do perdão entre os homens é sem dúvida Nelson Mandela, cuja dignidade durante e após as décadas em que esteve preso é de tirar o fôlego. Ele ficou longe do ódio no passado – e continua em paz no presente.

Eu conheci Kathy Sledge,* integrante do icônico grupo pop Sister Sledge e admirada pelo inesquecível sucesso de *We are family*. Kathy contou-me que, ao conhecer Nelson Mandela, ele a abraçou e disse que, durante seu período na prisão, podia ouvir às vezes, no rádio dos guardas, a gravação de *We are family*, e foi isso que sustentou sua coragem para continuar e o manteve firme: a convicção de que fazia parte da vasta família humana.

* Kathy Sledge, nascida na Filadélfia, nos Estados Unidos, canta desde criança e formou com as irmãs o grupo *pop-soul* Sister Sledge. Sua gravação de *We are family* fez sucesso mundial, com uma forte mensagem de igualdade. (N.T.)

Ao lado de Mandela está o Dalai Lama, que também conheceu privações em escala gigantesca. O líder espiritual tibetano foi forçado a trocar seu país pela Índia em 1959, quando a China esmagou os dissidentes, nove anos depois que o Exército Popular de Libertação invadiu o Tibete. O Dalai Lama, exilado de seu país há mais de cinquenta anos, está, no entanto, sempre sorridente. Parte de seu segredo reside no fato de que não guarda rancores. Essa é certamente a impressão que nos passa em todos os seus pronunciamentos públicos. Mas eu tenho uma teoria: ele encontra alegria nas *pequenas* coisas, e isso o ajuda a manter a mente afastada das grandes preocupações que se converteriam em ameaças e tormentos e acabariam por destruir uma pessoa inferior.

Isso sustentou sua coragem para continuar e o manteve firme: a convicção de que fazia parte da vasta família humana.

Sei de um episódio sobre ele que ilustra bem esse aspecto. Uma das mais interessantes histórias divulgadas a respeito de sir Edward Heath, ex-primeiro-ministro britânico, fala de sua amizade com o Dalai Lama. Certa ocasião, de viagem marcada para o Tibete, Heath telefonou para o amigo exilado e perguntou se poderia fazer alguma coisa por ele durante sua estada naquele país. O então primeiro-ministro esperava ser encarregado de alguma tarefa importante, mas, pelo contrário, o Dalai Lama lhe pediu simplesmente que verificasse se sua estimada coleção de discos de jazz, que ele tivera de deixar para trás ao fugir do Tibete, estava em boas condições.

É de supor que a natureza otimista do Dalai Lama lhe permita imaginar que algum dia voltará ao seu amado Tibete, onde poderá, mais uma vez, desfrutar o singelo prazer de ouvir seus discos.

28.

Grande sofrimento e depois o perdão

Aposto que Deus pretendia mostrar-se em todo o seu brilho quando criou Phan Thi Kim Phuc, que sofreu terrivelmente na Guerra do Vietnã. O mundo todo viu a célebre fotografia que mostra uma menina de 9 anos nua correndo na direção de uma câmera depois de perder as roupas, queimadas pelo napalm lançado sobre sua aldeia em consequência da ordem de um comandante dos Estados Unidos. Era junho de 1972. Quando a imagem da menina percorreu o mundo, causou uma guinada no rumo daquela guerra chocante.

Hoje ela viaja por muitos países, em constante campanha pela paz, e nunca demonstra timidez no gesto de agradecimento à icônica fotografia. Pelo contrário, quer de fato vê-la exposta às futuras gerações: "É preciso que o mundo entenda como a guerra pode ser terrível".

Em outra ocasião, declarou: "Temos de continuar ajudando uns aos outros, e desejei perdoar as pessoas que causaram meu sofrimento. Eu consegui isso, e assim me libertei do ódio e da amargura".

Sempre que leio sobre seu trabalho altruísta, penso na dor e no supremo desespero que ela suportou enquanto sua vida e a de seu povo se consumiam literalmente em chamas. E me pergunto como essa jovem conseguiu superar o rancor.

Poucos são os homens que conseguem ser heróis duas vezes no espaço de uma só vida.

No contexto da Guerra do Vietnã, eu seria omissa se deixasse de mencionar o extremo sofrimento de John McCain* durante os anos em que foi mantido em cativeiro, e torturado, pelos soldados norte-vietnamitas – e sua posterior jornada do ódio ao perdão. Quem poderia culpá-lo se ele fosse armado a Hanói e matasse seus algozes? E com certeza o ódio permaneceu em seu coração por vários anos.

Mas eu o ouvi dizer recentemente em uma entrevista: "Acho que o ponto central da questão está em minha crença na

* Nascido em uma família de militares, John Sidney McCain lutou no Vietnã, onde foi preso e torturado. Mais tarde, de volta aos Estados Unidos, elegeu-se senador e candidatou-se às primárias de seu partido para a presidência da República, perdendo para o atual presidente norte-americano, Barack Obama. (N.T.)

redenção. Eu acredito no perdão. E perdoei meus carcereiros norte-vietnamitas, que não me trataram muito bem. Perdoei o movimento antiguerra e me reconciliei com seus membros. Minha vida girou em torno de reconciliação e redenção, e é por isso que acredito na redenção".

Poucos são os homens que conseguem ser heróis duas vezes no espaço de uma só vida.

29.

Derrota no amor e mesmo assim vitória na vida

Eu nunca deixo de me assombrar com a forma como algumas pessoas demonstram a dureza de seu coração, sobretudo quando são próximas de nós e agem com deslealdade, traindo-nos seriamente. Elas nem sequer percebem que seu comportamento é censurável! Tampouco deveriam surpreender-se quando descobrem que os outros têm dificuldade de superar seu ressentimento contra elas. Isso ocorre porque pessoas desse tipo são egocêntricas demais para captar a mensagem de que cometeram algum erro. Obtive permissão para contar esta história, e faço isso porque ela proporciona um insight a respeito de um meio de triunfar sobre a traição.

Anos atrás, Amy conheceu Edward, homem amável um pouco mais velho que ela, e ambos se envolveram em um romance. Certa noite em que marcara um encontro com o amado, ela ficou doente e pediu à irmã, Elizabeth, que fosse em seu lugar para não deixar Edward esperando em vão. Elizabeth continuou a sair com Edward, que, em razão dos costumes sociais da época, considerou que poderia casar-se *com Elizabeth*, já que ela era a mais velha de duas irmãs solteiras. Ambos pediram então a Amy que fosse a dama de honra do casamento que deveria ter sido dela.

Os recém-casados mudaram-se para outro estado e tiveram seu primeiro bebê. Quando o segundo filho estava a caminho, Edward assumiu um trabalho que o obrigava a se ausentar de casa com muita frequência. Assim, pediu a Amy que abandonasse suas raízes e fosse viver com eles para ajudar a irmã a cuidar das crianças! Amy e sua mãe viúva mudaram-se então para dar assistência a Elizabeth. Mais tarde Amy conheceu um homem maravilhoso, casou-se e teve dois filhos, vivendo um casamento pleno e bem-sucedido até a morte dele, aos 68 anos.

Ao longo da vida, os dois casais e suas famílias se mantiveram próximos, festejando juntos Natais e aniversários, sem jamais mencionar a antiga deslealdade cometida contra Amy.

Anos depois, quando estava na casa dos 80, Edward passou a ter crises de demência senil e mais tarde precisou internar-se em uma instituição para tratamento de idosos. Certo dia, quando Amy e sua filha mais nova o visitavam, ele deixou claro que odiava estar ali e pediu que ambas trouxessem um jornal e o ajudassem a encontrar um apartamento para mudar-se. Acrescentou que não queria voltar a viver com Elizabeth. Voltou-se para Amy e disse: "Eu devia ter casado com você tantos anos atrás!".

Esta história proporciona um insight a respeito de um

meio de triunfar sobre a traição.

A filha de Amy considerou que as palavras de Edward "provavelmente deram a minha mãe a condição de superar a antiga mágoa. Foi um momento maravilhoso para ela, e para mim também".

Posso garantir que Amy não tem nada de mesquinho em todo o seu ser, mas, voltando à premissa de que a felicidade é a melhor vingança, a vitoriosa convivência dela com o marido, que morreu tão jovem, foi a maneira perfeita de dizer "danem-se" a Edward e Elizabeth (muito embora essa ideia grosseira jamais ocorresse a uma mulher tão refinada quanto Amy).

30.

Quando o amor não dá certo - supere tudo!

As regras do jogo se alteram inteiramente, porém, quando são os parentes que nos traem porque isso parece contrário à natureza. Mas, se a pressão se tornar empurrão, o sangue poderá revelar-se tão fino quanto a água, enquanto uma certidão de casamento talvez não tenha valor nenhum mesmo que a luxúria e a ganância se mostrem irresistíveis. É assombrosa a frequência com que até os mais sinceros votos matrimoniais se desintegram, não restando nada da antiga união além de traição e rancor.

Sempre que contemplo esse triste cenário e suas múltiplas facetas, penso em Walter, um amigo mais velho com o qual saí algumas vezes. Sua esposa o trocara por alguém havia já vinte anos, mas ele permaneceu furioso e profundamente perturbado com o fato. Essa reação eterna se tornou sua razão de viver: ele censurava a ex-esposa e dizia coisas terríveis a respeito dela para quem quisesse ouvir. Sua má vontade de mudar me parecia patética, sobretudo depois que ouvi comentários sobre a vida de sonho que a ex-mulher levava com o segundo marido. Ela provavelmente jamais voltou sequer a pensar no ex-marido.

Suspeito que ele acreditava que, odiando a ex-esposa, de alguma forma a punia. Esse foi um grande erro.

Walter na verdade apenas marcou passo na segunda metade de sua vida, embora a conquista da felicidade fosse uma forma de vingança muito mais inteligente. Ele não conseguiu entender que, se enterrasse a lembrança de seu malfadado casamento e recomeçasse a viver, teria dado a si mesmo uma dádiva suprema.

Embora pareça um pouco impaciente com a atitude desse meu amigo, eu na verdade sinto muita pena da maneira como sofre pelo que jamais poderá voltar a ter. De alguma forma ele acredita que sua cota de realização se extinguiu quando a esposa o deixou. A alegria, porém, também é finita.

Suspeito que ele acreditava que, odiando a ex-esposa, de alguma forma a punia. Esse foi um grande erro.

Compartilhei certa vez com Walter um pensamento do grande pianista polonês Arthur Rubinstein, embora o efeito disso não tenha sido muito bom. Rubinstein disse:

Eu vivo segundo um princípio: desfrutar a vida incondicionalmente! As pessoas dizem: "Se eu tivesse sua saúde, se eu tivesse seu dinheiro, então eu seria feliz!". Isso não é verdade. Eu seria feliz mesmo que estivesse em um leito de hospital. A felicidade deve vir de dentro. Espero ter contribuído com meus filhos ao passar exemplos e palavras a eles: devemos entender que a vida é maravilhosa e aprender a desfrutá-la plenamente todos os dias.

Essas frases não tiveram o menor efeito para Walter. Estava do mesmo jeito de sempre na última vez em que tropecei nele, embora tenha contado de forma divertida que, pela primeira vez em vinte anos, reencontrara a ex-mulher.

"Eu estava na inauguração de uma galeria e vi aquela mulher de certa idade que caminhou em minha direção e disse, brincando, que havia muitas razões para sentirmos orgulho de nossos filhos. Quase desmaiei ao ouvir isso porque era minha ex-esposa, aparentando uns 80 anos, e eu nem sequer a reconheci!"

Ela já não era a morena sensual que Walter não conseguia tirar da cabeça, e eu disse que se tratava de um sinal de que deveria esquecer tudo o que houvera entre eles tantos anos antes. Mas Walter não me deu ouvidos. Décadas de raiva haviam acabado com ele, e eu enxergava sinais muito claros de sua intenção de manter os velhos pensamentos vingativos. Desisti e disse a ele como forma de encerrar o dia: "Walter, caia fora daqui".

O que meu amigo fez de sua vida é patético de várias maneiras. Uma delas é o fato de que o grupo de pessoas dispostas a ouvir seus ataques à ex-esposa diminui cada vez mais. Essa náusea verbal despenca de sua boca de forma recorrente, e isso afasta amigos e conhecidos. Ele ainda não se deu conta de que se tornou um chato repugnante – ou talvez saiba disso e apenas tenha deixado de dar importância ao fato.

PARTE . 4

PERDOAR A SI MESMO

31.

Perdoar a si mesmo... eis a questão!

Tornei-me ultimamente uma espécie de ímã de histórias sobre traição – apenas algumas delas terminam em reconciliação, e eu sou grata por todas as experiências pessoais que me foram confiadas. Mas posso afirmar sem nenhuma dúvida: o que aconteceu com Rebeca me emocionou mais que todas as outras histórias que ouvi.

Vivendo na Califórnia, Rebeca tem um ótimo emprego no setor de programação de TV, mas à noite volta sozinha para o apartamento que um dia compartilhou com o amor de sua vida, Jason, de quem cuidou durante anos por causa de uma doença grave que o vitimara. Hoje, cinco anos após a morte dele, Rebeca ainda lida com o que chama de "dilema do perdão: ou perdoamos, ou não perdoamos".

Quando Jason precisou de um transplante de rim, três de seus parentes foram testados – dois irmãos e uma irmã –, embora outra irmã não tenha se apresentado como voluntária. A irmã que passara pelo teste foi a única compatível entre os voluntários, mas não se revelou a candidata ideal.

Qualquer pessoa que já tenha passado pela montanha-russa dos transplantes de órgãos conhece o sofrimento dessa família ao saber que havia complicações médicas relativas à compatibilidade da irmã de Jason. Rebeca conta:

A pressão dela era muito alta, e o especialista a desqualificou como doadora. Você pode imaginar o efeito terrível que isso teve sobre a família. Ela, no entanto, insistiu e persistiu até que os médicos cederam. Devo acrescentar que essa irmã de Jason quase morreu na mesa de operação devido a uma grave hemorragia. Serei eternamente grata a ela porque proporcionou ao irmão quase treze anos de sobrevida de boa qualidade.

Depois disso, Jason ficou de novo muito doente. Os médicos disseram que ele tinha uma infecção e muito provavelmente perderia o rim. Durante os dois meses seguintes, tudo se resumiu a uma questão de tempo, e Rebeca mais uma vez saiu em busca de um doador para aquele que era sua alma gêmea.

Afinal, creio que a pessoa que tenho maior dificuldade de perdoar por tudo o que aconteceu sou eu mesma.

A segunda irmã, que não passara pelo teste no transplante anterior, era de fato a única pessoa da família que potencialmente tinha condições de ajudar. No entanto, como pressentia que essa mulher esperava não ser lembrada, Rebeca apresentou-se como doadora de um rim para Jason.

Depois de passar por todos os testes, descobri ser compatível, embora não de forma ideal, e sim o suficiente para a realização do transplante. Agendamos a cirurgia, mas os meses que a precederam foram difíceis para Jason. Ele não estava nada satisfeito com a aproximação, para mim, de uma intervenção de grande porte que considerava desnecessária. Quando chegou enfim a data prevista, seu estado era desesperador e eu mal podia esperar pela conclusão daquele martírio para ter de volta meu Jason, grande e forte como antes.

A cirurgia foi aparentemente um sucesso, e Jason se recuperou antes de mim. Era o paciente mais popular daquele hospital, todos o adoravam! Infelizmente, porém, pelo fato de minha compatibilidade não ser total, os médicos o submeteram a uma terapia com drogas experimentais contra rejeição que não combinaram com ele, por isso o período que se seguiu foi penoso. Catorze meses depois Jason recebeu o diagnóstico de câncer de cólon. Os médicos retiraram quase todo o seu cólon, a glândula suprarrenal direita, o baço e um par de tumores durante uma extensa cirurgia que nos pareceu interminável e se prolongou por 12 horas.

De qualquer modo, Rebeca encontrou forças para prosseguir em sua luta, mas esse amoroso casal recebeu outro golpe alguns dias mais tarde, quando Jason sofreu um ataque cardíaco e precisou submeter-se a uma angioplastia que requereu três stents. Para alegria da família, apesar de todos esses transtornos, o rim se manteve relativamente bem, e isso foi incrível.

Depois de quase um mês de hospitalização, Jason voltou para casa – apenas para ser internado novamente, às pressas, por causa de uma hemorragia séria. Aquela sucessão de doenças não lhe concedia uma só trégua e acabou por afetar o novo rim, que passou a ser alvo de rejeição crônica. Tratava-se, novamente, de uma questão de tempo.

"Mais uma vez nos víamos em situação devastadora. Jason sempre me dizia que a diálise significaria o fim para ele – e eis que esse pesadelo se tornou real", comentou Rebeca. Como ainda mantinha seu excelente emprego, levava Jason três vezes por semana para fazer diálise e depois ia sempre buscá-lo.

"Era um verdadeiro martírio levá-lo para dentro e para fora de todas aquelas instalações. Ele precisava de uma cadeira de rodas para entrar e sair do carro, e era um homem grande e pesado. Aquele lugar representava um pesadelo para mim, e a visão dele sentado ali, tão perdido e sozinho, vai me assombrar pelo resto da vida."

Rebeca não tinha vergonha de pedir, por isso voltou-se para a melhor doadora disponível naquele momento: a segunda irmã de Jason, que se mostrara relutante na ocasião dos transplantes anteriores.

Ela concordou, mas depois de discutir o assunto com o marido e com o médico passou a apresentar todos os tipos de pretexto, de modo que Jason, sentindo que a irmã não estava disposta a encarar esse desafio, decidiu cortar o mal pela raiz e encerrou a questão. Mais tarde comentou com Rebeca o enorme alívio que sentiu na voz da irmã quando lhe disse que o médico considerara sua idade acima do recomendável para ser doadora. Rebeca conta:

Em meu desespero, escrevi para a sobrinha de Jason, que morava na Flórida – ela estava com 28 anos e era solteira. Sua mãe fora a primeira doadora, de modo que eu tinha esperanças com relação à compatibilidade. Abri meu coração para ela, não tive vergonha de pedir! Depois de um longo período sem nenhuma resposta, ela me telefonou e disse que havia perdido minha carta. Isso me soou como uma falsa desculpa, pois não entendo como uma coisa dessa importância poderia ser tão negligenciada. De qualquer modo, ela disse estar disposta a fazer os testes necessários, mas não deu mais notícias, e eu percebi que seria inútil pressioná-la.

Pouco depois Jason recebeu o diagnóstico de câncer pulmonar. Um de seus pulmões foi removido, e isso, somado à necessidade regular de diálise, significava que ele ficaria cada vez mais fraco. A família foi então informada de toda a gravidade de sua situação. Um dos irmãos de Jason, que de boa vontade lhe teria cedido um rim, mas não era compatível, veio de Nova York, com a segunda irmã e a sobrinha da Flórida, para visitá-lo. Os três ficaram chocados ao ver seu estado de deterioração.

Jason e Rebeca sentiram esperança de que a sobrinha se dispusesse a doar um rim – mas isso ela jamais mencionou sequer. Rebeca acredita que, desde esse dia, seu antes forte e combativo marido realmente desistiu de lutar. Jason sabia não ter condições de sobreviver por mais cinco ou seis anos, que representariam o tempo de espera para obter um transplante de rim de um doador já falecido. Assim, um mês depois, morreu enquanto dormia.

Sabe, é nesse ponto que encontro grande dificuldade de perdoar. Não duvido do amor da irmã nem da sobrinha de Jason, pelo contrário, sei que o amavam, e disso não há a menor dúvida. Devo considerar o medo delas como um fator natural e decisivo, mas se tratava do meu marido, da minha vida, assim como da vida dele. Jason era tudo o que eu tinha neste mundo, e estava a ponto de perdê-lo. Por isso, não consigo deixar de pensar que talvez, apenas talvez, uma delas poderia ter salvado sua vida. Quando estamos perdendo a pessoa que amamos mais que tudo nesta vida, gostaríamos que o mundo inteiro se erguesse e nos dissesse: "Aqui estou eu! Aceite meu rim, aceite tudo o que precisa!".

Através das lágrimas, Rebeca relatou-me que, ao longo dos cinco anos que se seguiram à morte de Jason, tentou aceitar todos esses fatos. Às vezes sentia que perdoara plenamente a todos e a tudo, enquanto outras vezes ainda se perguntava: "Por que não nos ajudaram?". Mas considerava em seguida o fato de que as pessoas envolvidas também tinham família e temiam que alguma coisa acontecesse com *seus* entes queridos e não fossem capazes de ajudá-los. Rebeca acrescentou então, muito séria: "Tudo isso, porém, deixara de fazer diferença para mim. Diante da agonia de Jason, eu pensava apenas em meu mundo e em meu marido, e nada mais me importava realmente".

Ela deixou bem claro que sempre amará muito a família de Jason, embora ainda se pergunte no mais íntimo do coração por que alguns desses parentes, por ser tão próximos, se mantiveram tão omissos. Se não tivesse sido assim, talvez Jason ainda estivesse ao seu lado – esse é, pelo menos, o ponto de vista de Rebeca.

Seu pesar ainda é tão intenso que tive a impressão de que, se estendesse a mão, poderia tocá-lo. Desejei de todo o coração que de alguma forma eu fosse capaz de levar comigo um pouco dessa grande dor, mas ela permanece em estado tão bruto que é impossível mitigá-la apenas com palavras de conforto. Rebeca sofre por sua perda e lamenta a omissão daqueles que tinham a condição de ajudar e não o fizeram. E, para tornar maior sua tortura, também julga a si mesma com severidade:

Afinal, creio que a pessoa que tenho maior dificuldade de perdoar por tudo o que aconteceu sou eu mesma. Talvez houvesse alguma coisa mais que eu pudesse ter feito e não fiz. Não sei bem o que, mas creio que pelo resto da vida estarei em busca de algum sinal, vindo de algum lugar do universo, que me indique se fiz realmente todo o possível naquelas circunstâncias.

Assim, eu não sei se jamais haverá de fato perdão para mim e para as outras pessoas envolvidas nesse drama porque sempre restará um traço de ressentimento. Pergunto a você: existe alguma coisa que se defina como meio perdão? Acho que não, você concorda comigo? Ou perdoamos, ou não.

Estou convicta de que Rebeca não tem a mais remota noção da pessoa notável que é. Seus esforços para manter a vida de Jason se revelaram simplesmente sobre-humanos, e eu rezo para que ela encontre motivos para sorrir outra vez.

32.

Quando a vida em família é um campo de batalha

Algum tempo atrás, na companhia de minha amiga Jennie, fui consultar uma médium altamente recomendada, que não nos desapontou. Ao longo dos anos, Jennie e eu marcamos inúmeras consultas duplas com uma variada tropa de adivinhos e videntes (isso só acontece comigo ou você também notou que esse tipo de gente sempre tem cãezinhos barulhentos que latem muito porque já viveram dias melhores?). Para falar francamente, na maioria das vezes os resultados das consultas não justificavam nem mesmo o trabalho de sair de casa. Mas tenho outra queixa a respeito dessas pessoas que leem a sorte: elas nunca, mas nunca mesmo, atendem em locais acessíveis. Somos obrigados a dirigir durante um milhão de anos para chegar a elas. Por que isso?

Mas apesar de tudo fomos ver Lesley, que vivia em um subúrbio à beira da praia. Após a sessão, concordamos que aquela mulher agradável era sem dúvida uma médium genuína – e não havia um só cãozinho barulhento à vista. Assim, ao voltar para sua casa, Jennie imediatamente telefonou para Stuart, um velho amigo que na ocasião enfrentava alguns desafios profissionais em Boston, onde trabalhava como arquiteto. Ele estava para chegar naquele fim de semana, em busca de uma pausa na vida estressante que levava, e ficaria hospedado com Jennie e seu marido. Ela disse ao amigo: "Quando chegar, você deve ver Lesley, uma médium incrível. Vou marcar uma consulta". Jennie tinha o pressentimento de que ele *precisava* fazer isso.

Nessa época, Stuart era apenas um nome para mim, uma pessoa da qual minha amiga e seu marido falavam com carinho. Mal sabia eu que ainda o encontraria e ouviria dele, diretamente, o relato de uma vida de ódio que o definira, mas se converteria em perdão durante uma única sessão com Lesley, a médium.

"O perdão ocorre em vários níveis."

Algumas semanas mais tarde, depois de ouvir os comentários de Jennie sobre o livro que eu estava escrevendo, Stuart propôs um encontro comigo, oportunidade que não deixei escapar. Ele chegou sorridente e parecia um homem que finalmente encontrara o caminho certo.

"No caminho para cá eu me sentia bem pelo que estou prestes a fazer. Tomei essa atitude porque, na verdade, penso que a história que vou contar estava predestinada a fazer parte da minha jornada – e de sua conclusão – e tenho a esperança de que seja transmitida para outras pessoas. Se vocês não tivessem consultado a médium e se Jennie não me falasse sobre suas impressões, eu provavelmente jamais daria o passo que acabo de dar." O que de fato começara a revelar-se – a sombria relação de Stuart com o pai durante seu período de crescimento – estava na raiz do que ele precisava perdoar.

Keith, o irmão de Stuart, tinha seis anos mais que ele. Sylvia, a irmã, dezesseis meses menos. Sua lembrança mais antiga remonta aos 5 anos de idade, quando viu a mãe ser espancada pelo pai, que era alcoólatra. O homem estava sempre embriagado e fumava constantemente. Quando se levantava da cama, pela manhã, já tinha fumado três ou quatro cigarros. E, com frequência, não havia comida na mesa da família porque o pai gastara todo o dinheiro nas máquinas de pôquer. Além disso, mudava muito de emprego: trabalhou em um banco, gerenciou dois postos de gasolina, enfim, circulava bastante.

Costumava também bater em Keith, que fugiu várias vezes de casa porque não podia suportar a violência do pai. Ele quase sempre batia em Keith e em sua mãe, mas quando Sylvia cresceu um pouco mais também foi incluída nessa roda. Stuart, porém, jamais apanhava – o que ele próprio achava estranho. Cheguei a ficar nauseada quando acrescentou: "O fato de meu pai nunca me bater não representava nenhum alívio porque havia em meu redor tanta violência que eu podia sentir a dor das pancadas. Você não precisa ser fisicamente castigado para sentir a violência". Foi igualmente perturbador o relato de Stuart sobre o que o pai fez certa noite, quando estava bêbado.

"Ele acordou e não sabia onde estava; então se levantou da cama para ir ao banheiro e acabou entrando em meu quarto, onde urinou em cima de mim pensando estar diante do vaso sanitário." Demonstrei meu horror a Stuart, mas ele não permitiu que eu oferecesse minha simpatia pela indignidade sofrida naquela noite. Deixou bem claro que não necessitava da piedade de ninguém. Ele queria apenas continuar o relato que ocultara por tanto tempo.

Durante o período em que meu pai estava nos postos de gasolina, embora fosse ainda pequeno, eu costumava ficar lá para executar algumas tarefas casuais. Como gostava de ir ao bar próximo, ele às vezes me deixava tomar conta dos postos (desde que o mecânico ficasse de olho em mim, é claro). Quando voltava, repleto de bebida até os olhos (e isso aconteceu inúmeras vezes), entrava no carro comigo, sentava-me em seu colo e me fazia controlar o volante, enquanto ele mudava as marchas, pois não podia enxergar direito de tão bêbado. Essa foi uma forma interessante de aprender a dirigir.

Há certas coisas que a gente prefere apagar da memória – porque não é nada agradável recordar, é como se voltássemos lá.

Ele contou que várias vezes, quando os maus-tratos ultrapassavam os limites da sanidade, a mãe dizia aos três filhos:: "Vamos sair daqui!". Levava-os então para a casa de uma tia ou apenas vagava com eles pela cidade durante algum tempo, retornando depois à própria casa.

Esse homem terrível, que falhou como marido e como pai, foi internado em um hospital psiquiátrico e submetido a terapia de eletrochoques, que por sinal de nada adiantou.

O motivo da internação de meu pai foi, em parte, o fato de que em várias ocasiões ele ameaçou cometer suicídio, bem diante de nós, com uma faca. Seu comportamento era muitas vezes estranho e, como se não bastasse, vinha mantendo um caso com alguém. Ele não batia em minha mãe nem em meus irmãos a ponto de precisarem de hospitalização, mas se tratava, sim, de abuso mental. Era um tormento que não tinha fim.

Muitas vezes meu pai saía do trabalho mais cedo e me levava com ele até o bar, onde comprava e me dava um monte de jujubas, deixando-me depois no carro para ir ao clube de golfe, onde jogava com frequência (às vezes com minha ajuda, pois carregava os tacos para ele). Eu perguntava por que não podia voltar para casa a pé, pois era perto, mas ele ordenava que ficasse e me deixava sozinho no carro por cerca de duas horas. Isso explica, creio eu, a razão pela qual gosto tanto de ficar comigo mesmo.

Enquanto isso, depois de jogar um pouco de golfe, meu pai entrava na sede social do clube para queimar nas máquinas de pôquer todo o dinheiro ganho durante a semana. Ele saía finalmente, incapaz de andar em linha reta, e voltava comigo para casa sem um único centavo no bolso.

O pai de Stuart foi internado na ala psiquiátrica de um hospital para veteranos de guerra, mas o tratamento não teve êxito, conforme demonstraram os fatos que se seguiram. Um dia, pouco tempo depois de voltar para casa, anunciou de repente para Sylvia, Stuart, Keith, a mãe deles e a namorada adolescente de Keith, que estava grávida: "Vocês todos vão embora daqui agora. Saiam já!". Em seguida suspendeu Sylvia no ar e a atirou porta afora, fazendo o mesmo com os demais: um a um, lançou todos os atônitos membros da família na direção do jardim e depois bateu a porta da casa com toda a força.

E foi assim que tudo aconteceu. Naquele dia eu vi meu pai pela última vez. Sua amante prontamente se instalou em nossa casa e tomou canta de tudo. Nós não tínhamos roupas, nada, zero. Um casal de tios que se mudara recentemente para a cidade, perto de nós, nos ofereceu abrigo e ficamos com os dois por uns tempos. Meu tio voltou então à nossa casa e nos trouxe algumas roupas, mas isso foi tudo. Logo Sylvia e eu fomos despachados para casas de parentes, no interior, até que mamãe conseguisse trabalho. E foi o que ela fez: arranjou um emprego de empacotadora de frutas.

Minha irmã e eu voltamos então, e a família passou a viver em um pequeno apartamento alugado: apenas dois quartos e uma cozinha diminuta a um canto. Mamãe e Sylvia dividiam uma cama e eu dormia numa espreguiçadeira forrada de plástico trançado. Improvisei um "colchão" com papelão bem grosso e logo consegui uma cama só para mim!

Perguntei a Stuart se, apesar das dificuldades financeiras, a vida se tornara mais amena sem os abusos do pai.

Sim, não há dúvida, no entanto não se pode subestimar a importância do apoio que recebemos da família. Mamãe tinha dez irmãs, e o apoio que nos cercava era notável, sem ele não nos seria possível superar tudo aquilo.

O conceito de ódio se transforma quando crescemos e compreendemos a realidade, a gravidade dos fatos. O sentimento de ódio por meu pai certamente se intensificou à medida que eu me tornava mais velho e maduro. Nunca mais o vi – nem queria vê-lo. Quando cheguei aos 15 anos, esse ódio se agigantou. Eu pensava: "Não tenho pai... Sim, tenho, mas ele é um canalha". Então o ódio se intensificava ainda mais. Cheguei ao ponto de dizer abertamente: "Se eu o encontrar na rua, sou capaz de matar esse desgraçado pelo que fez conosco". Quando se falava dele em casa, eu gritava: "Quero matar esse filho da p...", tal era a profundidade da minha aversão.

Felizmente, em minha fase mulherenga, conheci Ângela, que viria a ser minha esposa. Quando decidimos casar, refleti muito sobre o significado dessa decisão, devido aos fatos ocorridos com meu pai, e resolvi mudar meu sobrenome. Comentei essa resolução com Ângela: "Eu o odeio tanto que é uma oportunidade de cortar o cordão umbilical. Trata-se de um recomeço". Não queria que minha esposa nem meus filhos carregassem o nome dele. Tal era a dimensão de meu ressentimento, e essa mudança tinha grande importância para mim.

Por que o ódio aumenta com os anos? Não tenho resposta para isso.

Soube por intermédio de Jennie que Stuart e Ângela vivem um casamento muito feliz e são os pais amorosos de dois filhos adolescentes. Assim, perguntei a ele como conseguira tornar-se um pai de família tão carinhoso diante dos abusos sofridos desde a infância.

Em grande parte graças ao exemplo que minha mãe nos passou, assim como minhas tias e seus familiares.

Faz muito tempo que Ângela me diz: "Stuart, você precisa superar isso. Um ódio tão profundo não faz bem ao ser humano, é negativo". Mas eu sempre lhe respondo: "Angie, ele agiu como um filho da mãe – e eu jamais esquecerei o que fez conosco, jamais perdoarei".

Sylvia, minha irmã, durante dez anos disse a mesma coisa. Somente na idade madura conseguiu afinal libertar-se de seus traumas, não sem grande sofrimento anterior. O fato de ter sobrevivido a todo aquele drama familiar, conseguindo perdoar nosso pai, é verdadeiramente notável.

A incapacidade de perdoar cresceu dentro de mim conforme eu amadurecia, e depois se estabilizou. Está sempre comigo, nunca se afastou de mim. E, cada vez que penso nisso, fico muito perturbado.

A mãe de Stuart morreu quinze anos atrás de uma grave hemorragia cerebral. Segundo ele, continuou a odiar o ex-marido até o fim da vida. Stuart, porém, acrescentou: "Mas ambos devem ter amado um ao outro em algum momento, e eu recordo bem uma época em que ele era a alegria das festas. Nesses primeiros tempos, portanto, devia ser fácil amá-lo".

Stuart falou com franqueza sobre os "demônios" recorrentes de sua família. A filha, Jackie, atravessava havia anos uma depressão séria e sua irmã tentou matar-se depois que o filho dela cometeu suicídio. Todos esses tristes eventos eram agora compreendidos como consequências genéticas dos problemas mentais de seu pai.

O perdão ocorre em vários níveis, mas falamos aqui de perdão pessoal. Como resultado do que acon-

teceu comigo recentemente, eu me vi em uma verdadeira travessia, mas há outros aspectos de meu processo de pensamento e de minha perspectiva de vida em que encontro grande dificuldade de perdoar as pessoas e os acontecimentos. Penso "mas que filhos da mãe!" mesmo que os fatos nada tenham a ver comigo. A pedofilia é um exemplo disso, assim como o que ocorreu no Iraque: o assassinato de um milhão de pessoas baseado em uma mentira. Devo, por exemplo, perdoar Bush? Até agora não consegui.

Stuart nunca havia consultado ninguém como Lesley, portanto não sabia o que devia esperar. Não lhe contou nada sobre si mesmo, mas assim que se sentou ela disse: "Sua mãe e seu pai estão aqui e ambos dizem que o amam e sentem muito orgulho de você, embora seu pai se mantenha mais atrás e pareça um tanto tímido. Sua mãe afirma que ela e seu pai estão juntos e amam um ao outro".

Em seguida Lesley perguntou: "Você teve uma infância difícil e não gostava de seu pai, não é verdade?". Stuart disse apenas "sim". Ela prosseguiu: "Sua mãe reafirma o amor existente entre eles e seu pai alega que não teve culpa, pois herdou a doença mental do próprio pai e lamenta muito tudo o que aconteceu, mas afirma que se tratava de uma manifestação física, e não espiritual".

"Sua mãe está dizendo que você precisa perdoar seu pai para que sua vida possa evoluir. Diz também que você deve compreender que ela e seu pai se amam. Quer que você o perdoe."

Stuart contava-me essas coisas extraordinárias de forma serena e comedida.

Expliquei a Lesley que estou em uma jornada espiritual e não sei que rumo tomar em seguida; acabo de afastar um obstáculo do caminho, mas não sei o que fazer agora. Nesse momento exato, senti uma pressão em minha mão, a temperatura de meu corpo subiu e a respiração se acelerou. Uma paz profunda me envolveu, e me senti amado. Descrevi essa sensação para Lesley, que disse: "Sim, seu guia espiritual está atrás de você". Ela o apresentou e me informou que essa entidade estivera comigo durante toda a vida. Lesley acrescentou: "Seu guia afirma que você precisa perdoar seu pai". Disse ainda que devo escrever uma nota de perdão e depois queimá-la. Isso me permitirá prosseguir em minha jornada espiritual.

Soube naquele momento que essa era a verdade e me senti na mais completa paz.

Quando voltei para casa, refleti sobre o que acontecera e contei tudo a Ângela e às crianças porque eles sempre me acompanharam nessa jornada. Fui aconselhado a perdoar meu pai e fiquei pensando nisso, indeciso, durante duas ou três semanas: "Jesus, preciso perdoar esse imbecil se quiser completar meu caminho espiritual". Tinha, porém, consciência de que esse processo abrangia não apenas perdão como também intenção, disposição e honestidade. Eu não podia fazer aquilo de maneira irresponsável.

Escrevi uma carta a lápis, outra a tinta, depois fui até o quintal e queimei as duas. Fiquei observando as cinzas e depois deixei que o vento as levasse dali. Não quero detalhar o que escrevi a meu pai naquelas cartas, exceto que lhe disse reconhecer o fato de que as atitudes que ele tomara na vida faziam parte de uma manifestação física fora de seu controle.

Pedi a Stuart que descrevesse a diferença entre o que sentia antes e o que experimentava agora.

"Creio que ainda tento aceitar todos os fatos, mas estou muito satisfeito com o que fiz. Sinto-me tão feliz, como se um peso enorme tivesse sido retirado de minha alma. Uma atitude importante foi contar a minha irmã que perdoei nosso pai. Ela sorriu e disse: 'Eu sabia que você faria isso'. Perguntei como podia saber e ela respondeu: 'Rezei durante anos para que isso acontecesse, e minhas orações foram compartilhadas com os membros de um grupo de apoio do qual faço parte'."

Sentindo que nossa conversa chegava ao fim, espontaneamente apertei a mão de Stuart e disse apenas: "Parabéns!". Fiz então uma última pergunta: "Você lamenta agora tanto tempo perdido sentindo ódio?".

Ainda não tive tempo suficiente para refletir sobre isso, mas nesta altura da vida, depois de passar por tudo o que superamos, não sei que tipo de pessoa eu me tornaria sem aquela bagagem que carreguei por tanto tempo. Sei apenas, e é preciso dizer isso, que tenho uma vida bem-sucedida, estou feliz e fui agraciado com uma família amorosa.

Você me pergunta se me arrependo? Bom, na comparação entre o que sinto agora e o que sentia no contexto anterior, só há uma resposta possível: inquestionavelmente. E hoje esse sentimento é fabuloso.

33.

Arrisque-se: saia de sua zona de conforto

Bem no fundo, tenho a suspeita de que boa parte da razão por que me sinto atraída, hoje em dia, pelos Stuarts deste mundo está na esperança de que um pouco de sua bondade me contagie. Sei perfeitamente que não mereço nenhuma medalha pelo fato de ter absolvido, no silêncio da consciência, aquelas duas tagarelas da academia que frequento. Isso é coisa de jardim de infância em comparação com o sofrimento genuíno de tanta gente que conheço.

E, quando penso nas lições a aprender com as histórias de todas essas pessoas que tive o privilégio de encontrar, parece surgir um tema recorrente: a existência, no caso da maioria delas, de um ponto fundamental no momento em que finalmente optaram pela vida. Quando tomaram a decisão de perdoar os erros dos outros, essa atitude permitiu, sem exceção, que rompessem as nuvens pesadas que as cercavam e enxergassem o sol da alegria de viver.

Tenho uma teoria: cada vez que superamos a raiva associada a deslizes *menores* cometidos em relação a nós, conseguimos chegar um pouco mais perto daquele estágio elevado em que o perdão se torna possível – por maior que seja a mágoa. Desse modo, se criarmos o hábito de conter nossa ira em resposta a pequenos gestos de deslealdade, atingiremos um nível mais alto de compreensão, que nos permitirá lidar de forma bem mais madura com as traições e as maldades mais sérias quando estas ocorrerem.

Um tema recorrente parece surgir: a existência, no caso da maioria das pessoas, de um ponto fundamental no momento em que finalmente optaram pela vida.

Nunca esquecerei a alegria que vi no semblante de Adrianna e de Stuart quando ambos falaram da liberdade e da sensação de poder que experimentaram ao superar sua persistente dor, vinda do passado, para olhar apenas na direção do futuro.

Existe, no entanto, a possibilidade de que uma observadora dos efeitos do perdão como eu corra o risco de imaginar que se torna uma pessoa melhor por osmose – pelo simples fato de conhecer a história de outros seres humanos que tomaram atitudes corajosas para superar a mágoa –, sem se dar ao trabalho de se afastar muito da *própria* zona de conforto. Ajo da mesma forma com relação às dietas: "devoro" todas as novidades publicadas pelas revistas, assim como nunca perco programas de TV que entrevistam pessoas capazes de perder metade do antigo peso, como se essa observação passiva me ajudasse de algum modo a emagrecer e a recuperar a boa forma.

Os outros muitas vezes nos inspiram, sem dúvida, mas é preciso que nos levantemos do sofá para correr alguns riscos, do contrário a inspiração não terá nenhum valor além do entretenimento. Às vezes, porém, a história que ouvimos é tão impressionante que nos mantemos firmes no sofá, incapazes de visualizar nós mesmos nesse papel tão árduo de heróis.

34.

Uma mulher em um milhão

O título deste capítulo foi meu primeiro comentário quando ouvi falar do resgate de Ingrid Betancourt depois de seis anos de cativeiro na selva colombiana. Ela concorria à presidência da Colômbia quando insistiu em visitar uma antiga zona desmilitarizada viajando em uma aeronave das Forças Armadas. O presidente Andrés Pastrana, que governava o país na época, e seus assessores tentaram fazê-la mudar de ideia argumentando que nem mesmo o Exército colombiano poderia garantir seu bem-estar durante o tumulto que se seguiria após a retomada daquele território. Assim, ela decidiu fazer a viagem pela rodovia, acompanhada de alguns assessores políticos.

Ingrid foi detida para inspeção no último posto militar, e os oficiais insistiram para que seu grupo não prosseguisse até San Vicente del Caguán, vilarejo usado para as negociações de paz. Ela, porém, desconsiderou os avisos e continuou em sua viagem. Quando alcançou um posto dos contingentes rebeldes, as Forças Armadas Revolucionárias da Colômbia (FARCs), foi capturada e passou grande parte dos seis anos seguintes na selva, amarrada a uma árvore, onde não podia ver a luz do sol por causa da densa folhagem que tudo encobria.

Muito tempo depois, quatro de seus companheiros reféns (ex-políticos) foram enfim libertados. Revelaram então publicamente sua preocupação com a saúde de Ingrid, que descreveram como "exausta física e moralmente". Detalharam em seguida os graves maus-tratos de que vinha sendo vítima: "Os rebeldes dirigem a ela toda a sua ira, mantendo-a acorrentada em condições desumanas". Acrescentaram que Ingrid contraíra hepatite B e estava à beira da morte.

> O que se pode dizer de um coração capaz de amar e perdoar até o infinito?

Cinco meses mais tarde, chegou o dia pelo qual a família de Ingrid rezara durante tanto tempo: ela foi resgatada, além de mais três reféns norte-americanos. Ingrid Betancourt não se intimidou diante das perguntas feitas pela mídia internacional, reafirmando o fato de ter sido torturada durante o cativeiro.

Os recém-libertados relataram ter passado orando, com o rosário nas mãos, grande parte de seu tempo de cativeiro. Atribuiu-se a Ingrid a seguinte frase, dita aos jornalistas: "Estou convicta de que se trata de um milagre da Virgem Maria. Está claro para mim que a mão dela se fez sentir em todos esses eventos". Assim, poucas semanas após a libertação, ela e sua família fizeram uma peregrinação a Lourdes não apenas em ação de graças como também para rezar por seus captores e pelos que permaneciam reféns.

Vou repetir: ela *rezou* por aqueles que a mantiveram em cativeiro e a torturaram durante seis anos! O que se pode dizer de um coração capaz de amar e perdoar até o infinito?

Apenas alguns dias depois, na festa de aniversário da Independência da Colômbia, Ingrid enviou uma mensagem fortíssima ao comando das FARCs, seus algozes por todos aqueles anos, insistindo para que seus líderes interrompessem o banho de sangue.

"Está na hora de abandonar as armas e trocá-las por rosas, de substituí-las pela tolerância, pelo respeito, e como irmãos que somos encontrar uma forma de viver todos juntos neste mundo, de viver todos juntos na Colômbia."

Curiosamente, apenas um dia após o apelo de paz que Ingrid Betancourt dirigiu aos rebeldes colombianos, reparei em uma pequena nota de jornal com um apelo do presidente do Timor Leste, José Ramos-Horta, conclamando seus cidadãos a aceitar o fato de que os indonésios, que haviam cometido abusos aos direitos humanos contra seu país, nunca deveriam ser provocados.

A Indonésia não costuma pedir desculpas pelos abusos aos direitos humanos que comete. Além disso, em decorrência do fato de o Timor Leste ser apenas um pequeno ponto no mapa, não estaria em posição de exigir um pedido formal de desculpas de uma nação mais poderosa. Menciono esses fatos porque, para todos nós, é obviamente mais difícil perdoar quando o ofensor não demonstra o menor interesse em fazer retratações.

35.

A VIDA ALÉM DA VINGANÇA

É muito difícil enfrentar o desafio adicional associado à superação do ressentimento quando a pessoa que nos prejudicou jamais demonstra a menor intenção de se desculpar. Talvez essa dificuldade se torne ainda pior quando não conseguimos entender por que ela fez o que fez.

> Chegou então o dia em que, segundo suas palavras, ele decidiu que "nunca mais queria viver naquela condição de vingança".

É realmente incrível o ser humano que abre mão da necessidade de explicações e perdoa de qualquer maneira. Trata-se apenas de uma suposição de minha parte porque estou muito longe de ser tão evoluída, mas esse me parece o ponto de partida para a iluminação.

Não há saudade nem remorso capazes, por maiores que sejam, de mudar as circunstâncias do passado, e a aceitação do fato de que a vida nem sempre caminha da forma como gostaríamos é condição essencial das transições para tempos melhores – como um recomeço.

Sou grande admiradora de Dominick Dunne,* cujo estilo me diz mais que o de qualquer outro escritor. Profundamente preocupado em dar o melhor de si quando escreve sobre um crime verdadeiro, ele nunca foi mais tocante do que na ocasião em que escreveu sobre o assassinato de sua filha, Dominique, que era atriz.

Após uma aventura desmedida com John Sweeney, um chef de Los Angeles, Dominique rompeu a relação. Em seguida, algumas semanas mais tarde, Sweeney estrangulou a jovem na entrada da casa dela após sua recusa em reatar a ligação. Dominique morreu no hospital, alguns dias depois, aos 22 anos.

Sweeney foi julgado por homicídio não premeditado e condenado a seis anos e meio de prisão. Após cumprir pena por menos de quatro anos, foi libertado graças à dispensa obtida pelo tempo em que permanecera preso antes do julgamento.

Um mês atrás assisti à reprise de um documentário sobre Dominick Dunne no qual ele fala francamente dos anos sombrios que se seguiram à morte da filha. A dor que o atormentava

* Dominick John Dunne (1925-2009), colunista social e investigativo norte-americano, colaborou durante muito tempo na afamada revista *Vanity Fair*. (N.T.)

era tão grande que ele apenas queria ver o sofrimento do assassino e passou até mesmo a planejar várias formas de feri-lo. Chegou então o dia em que, segundo suas palavras, ele decidiu que "nunca mais queria viver naquela condição de vingança".

Essa decisão é extraordinária! Creio que foi tomada no dia em que ele se libertou para tentar um recomeço.

36.

Perdão condicional

O caso Dunne me fez lembrar Garry Lynch, outro homem notável que perdeu uma filha de 26 anos para a violência. Ele também descobriu uma forma de escapar da "condição de vingança", embora não tenha chegado ao extremo de estender a mão em sinal de amizade aos desgraçados que estupraram, torturaram e assassinaram sua bela filha, Anita Cobby.

Fiz a cobertura de uma parte do longo julgamento no qual cinco dos mais indignos representantes da escória humana foram condenados pelos crimes inomináveis que praticaram contra Anita quando a sequestraram no caminho entre sua casa e o hospital onde trabalhava como enfermeira. Eles abusaram até o fim da bela jovem e largaram seu corpo em um terreno baldio, como lixo jogado fora pela janela do carro. Para aumentar ainda mais o horror, descobriu-se durante as investigações que antes eles praticaram atos de depravação com a carcaça de uma ovelha roubada do abatedouro onde John Travers, uma das bestas subumanas, trabalhara.

Certo dia, no tribunal, durante uma pausa para almoço, encontrei Garry Lynch e Peg, sua esposa, e julguei impossível imaginar a extensão de sua dor. Com certeza, pensei, ambos deviam estar imaginando como seria bom contratar um matador de aluguel que invadisse o tribunal e matasse os réus a tiros. Como esse homem poderia continuar a viver com a lembrança do maculado cadáver de Anita, cuja identificação fora obrigado a fazer?

As causas mais profundas de nossas doenças e de nossos vícios são os ódios e os ressentimentos antigos.

Na hora de pronunciar a sentença, o juiz deixou bem claro seu desdém: "Não há dúvida de que, além da humilhação, da degradação e do terror infligidos a essa jovem, ela foi vítima de um ataque físico e sexual prolongado e sádico, inclusive com repetidos assédios anais, orais e vaginais".

"Animais selvagens como esses são dados a maquinar ataques e matanças", continuou ele, diante do tribunal superlotado. "Este é um dos piores, se não o pior, e mais horripilantes ataques físicos e sexuais com que deparei em meus quarenta anos de associação com a lei. O crime é agravado pelo fato de que a vítima certamente foi alertada, no final, de que morreria em seguida."

"Ao longo de todo o julgamento, os réus, embora em menor grau no caso do prisioneiro Murdoch, não demonstraram sinais de remorso nem de contrição. Pelo contrário, com frequência pudemos observar que riam uns para os outros, escondendo o riso atrás das mãos."

Todos os réus foram condenados à prisão perpétua, e no prontuário de cada um deveria constar, em destaque, a observação: "Sem direito a indulto".

A justiça foi aplicada, mas, por Deus, o que devem fazer os pais da vítima de um crime como esse para continuar a viver sem sonhar todas as noites com a punição mais severa que existe no mundo para esses criminosos?

Alguns anos depois fui recebida na casa da família Lynch para escrever um artigo em homenagem aos esforços de Garry Lynch para estabelecer uma organização de apoio aos familiares de vítimas de homicídio. Ele e a esposa falaram também sobre uma recente viagem à Índia, onde haviam adotado uma religião oriental que os livrara da loucura. Creio que isso representou a salvação para eles e lhes permitiu, segundo palavras de Lynch, "perdoar as almas" das feras que mataram Anita, embora ambos tenham dificuldade de perdoar esses mesmos homens em um nível mortal, humano.

Se o perdão *condicional* é o melhor que podemos conseguir, creio que em alguns casos deve ser o suficiente.

37·

Dói muito, mas mesmo assim perdoe

Ken Marslew estava presente na igreja, no funeral de Garry Lynch, para homenagear seu amigo. Os dois homens haviam constantemente dado forças um ao outro, durante muitos anos, desde que Michael, o filho adolescente de Ken, dirigiu-se certa noite à Pizza Hut, onde trabalhava em regime de meio período, quando foi abordado por quatro rapazes que chegaram para roubar a loja e acabaram alvejando o jovem na cabeça.

Ken, o pai, disse em uma entrevista dada algum tempo depois: "Ora, se pensei em vingança! Eu podia sentir o gosto dela, podia quase tocá-la. Eu queria vingança, eu vivia para ela. Passei a vida inteira em estado de raiva, ódio e vingança, só pensava nisso. Era o que me fazia levantar da cama pela manhã, era meu único pensamento durante todas as horas de todos os dias. E também me deitava à noite com o mesmo pensamento: vingar-me".

Mas, apesar de tudo, ele tentou deixar para trás essa condição sombria, inspirando muita gente com sua luta. Não apenas fundou uma organização antiviolência como também, com a mãe de Michael, concordou em fazer parte de un encontro, realizado na prisão e divulgado pela TV, com vários dos réus e seus pais. Foi um programa de TV como eu nunca vira antes: sinceros pedidos de desculpas de um lado e genuíno perdão do outro.

Livre da obsessão de vingança e do peso do ódio, Ken estava pronto para ajudar as pessoas, o que faz agora, dia após dia. Essa é uma história de final promissor, embora tivesse tudo para permanecer naquela zona escura da desesperança e do sofrimento.

Recentemente, quando Karl Kramer, um dos assassinos de seu filho, foi posto em liberdade após quinze anos de reclusão, Ken Marslew estava do lado de fora dos portões para lhe dar as boas-vindas. Os dois apertaram as mãos, e essa imagem foi captada por uma equipe de TV convidada a testemunhar o encontro. Toda a cobertura feita em seguida pela mídia deu grande destaque à generosidade de Marslew, e eu também fui envolvida pelo frenesi criado em torno desse extraordinário, e improvável, ato de solidariedade.

Não posso, contudo, ignorar uma entrevista que ouvi pelo rádio, no dia seguinte, com Joan, a pesarosa mãe de Michael. Ela estava bastante magoada com o fato de seu ex-marido se mostrar tão receptivo com alguém que tomara parte no assassinato de seu querido filho. Estava também indignada porque ele trouxera uma equipe de TV para registrar o momento. Eu não havia pensado nisso até então, mas passei a me questionar sobre a ética de um processo de perdão que faz pessoas inocentes sofrerem.

Essa pesquisa que fiz sobre gente cujos entes queridos foram vítimas de assassinatos ou de mutilações sem sentido deixa uma coisa bem clara: o fato de ver os criminosos no tribunal e de constatar que receberam sentenças justas proporciona grande alívio. Na melhor das hipóteses, pode até mesmo abrir caminho para um recomeço. Mas, quando a sentença é leve demais ou acaba suspensa e, pior ainda, quando o criminoso fica impune, a possibilidade de perdoar se perde em um futuro muito distante.

Já vi várias entrevistas dadas por pais pesarosos à saída do tribunal em que eles declaram, seja qual for a sentença imposta ao criminoso, que não guardam sentimentos negativos. Essas pessoas já nasceram assim tão extraordinárias ou sua grandeza provém do sofrimento?

O último caso a chamar minha atenção foi o de Neil e Fiona Faragher, cujo filho de 18 anos, Andrew, morreu em um acidente de carro provocado por um motorista embriagado. O homem foi condenado a três anos e quatro meses de prisão – o que me parece muito pouco por uma vida –, mas à saída do tribunal os pais disseram não sentir "nem mágoa nem ódio".

Neil Faragher declarou a um jornalista: "Embora ele tenha causado a morte de Andrew, sei que essa não foi sua intenção. Eu o perdoo pelo que fez e espero que se arrependa daquele momento de loucura, que devastou a vida de sua família, assim como a nossa. Ele vai carregar essa culpa pelo resto de sua existência. Já basta que uma vida tenha sido destruída".

Está claro que o fato de ver os criminosos no tribunal e de constatar que receberam sentenças justas proporciona grande alívio.

A esposa de Faragher, igualmente notável, acrescentou que não sentia raiva pela sentença mínima dada ao motorista: "Isso não vai mudar nada, não pode trazer nosso Andrew de volta".

Ainda mais estarrecedora foi a forma como Marietta Jeager fez as pazes com o homem que torturou e estuprou Susie, sua filha de 7 anos de idade. Depois disso, ele a matou e praticou canibalismo com o cadáver da menina. Se você ainda não desmaiou com *esses* detalhes, saiba mais: no primeiro aniversário da morte de Susie, esse demônio demente telefonou para Marietta e escarneceu de sua dor.

O que fez ela: jurou vingança ou gritou que Deus tinha um lugar reservado para ele no fundo do inferno? Não, simplesmente perguntou: "O que posso fazer para ajudar você?". Ambos então conversaram durante uma hora.

Marietta reafirma que seu perdão foi genuíno, e diz que ela própria se espantou com isso. Diz também que trabalhou seus sentimentos e rezou durante um ano. Conforme explicou depois: "Tudo mudou porque a intenção dele era ligar, despejar seu sarcasmo sobre mim e em seguida desligar, mas ficou desarmado com a pergunta que lhe fiz. Começou a chorar e, naquele momento exato, compreendi o milagre que acontecia comigo. Ele balbuciou: 'Queria que esta carga fosse retirada de mim', mas não conseguia parar de chorar. Pediu várias vezes que eu desligasse o telefone, mas não fiz isso porque aquele era o único vínculo que me restava com minha filhinha".

Durante a conversa, o criminoso deu informações suficientes para que a polícia o rastreasse e o prendesse. Tempos depois, ele se enforcou na prisão.

Marietta não perdeu apenas a filha bem-amada naquelas circunstâncias terríveis; seu marido sofreu um ataque cardíaco e morreu precocemente devido ao estresse causado pela morte da menina. Mas ainda assim Marietta expressa seu ponto de vista sobre retaliação: "Aqueles que mantêm um estado mental de vingança oferecem mais uma vítima ao assassino. Não quero que as pessoas busquem razões para deixar de perdoar porque eu sei o que a dádiva do perdão representa para mim, conheço a condição de saúde e inteireza que o perdão proporciona à minha vida".

Ela acredita que o perdão é a única forma de preservar a saúde após um trauma tão brutal quanto o assassinato de uma criança: "Um número cada vez maior de profissionais de saúde afirma que as causas mais profundas de nossas doenças e de nossos vícios são os ódios e os ressentimentos antigos. Devemos perdoar, primeiramente, em defesa de nossa saúde. A fé na espiritualidade favoreceu minha decisão de perdoar, mas isso também se deve à consciência de que o ódio não é saudável".

Marietta Jeager é uma das fundadoras de uma organização, a Murder Victims' Families for Reconciliation [Famílias das Vítimas de Assassinato pela Reconciliação]. Outra participante é Sue Norton, que perdoou Robert Knighton, o homem que matou seu pai e sua madrasta.

Uma hora antes de Knighton receber do tribunal que o julgou a sentença de morte, Sue estava sentada do lado de fora de sua cela, segurando-lhe as mãos. Ela disse em uma entrevista: "Eu me dei conta de que a morte dele não apagaria minha dor".

Enquanto os jurados deliberavam, Sue pediu permissão para falar com Knighton, e a primeira coisa que lhe disse foi que não o odiava. "Nunca odiei ninguém em toda a minha vida, e não vou começar agora. Se for o culpado, eu perdoo você."

Em seguida, estendeu os braços para o interior da cela e segurou as mãos dele.

38.

Alegria afinal!

Não me canso de repetir que a alegria se tornou uma companhia constante em meu caminho agora que estou sempre em busca de pessoas que lidam de forma honesta com a questão do perdão. Algumas delas, no final, com certeza vão optar pela reconciliação, em detrimento da retaliação, por maior que tenha sido a ofensa que receberam.

Estou também aberta à inspiração existente nas histórias que descubro sobre gente que demonstra sua coragem de várias maneiras, compreendendo enfim, racionalmente, que a absolvição total e absoluta não lhes pertence para ser dada como um favor.

É também muito emocionante perceber que algumas pessoas cuja história é uma lição viva estão bem perto de nós e até convivem conosco. Não é preciso viajar ao outro lado do mundo para descobrir gente que, mesmo vivendo sob enorme pressão, se comporta com serena dignidade e revela coragem admirável.

Certa noite, ainda no início do projeto deste livro, eu "jogava conversa fora" ao telefone com uma amiga quando de repente percebi estar ouvindo uma narrativa que *precisava* ser incluída nestas páginas. Jacquie Everitt é uma intrépida advogada defensora dos direitos humanos que demonstrou amor infinito por uma família de refugiados particularmente traumatizada e, contra todas as probabilidades, conseguiu que se fizesse justiça para seu caso. Quase dez anos depois, enquanto a família não nutre rancores contra o sistema que a prejudicou, Jacquie não parece disposta a perdoar a transgressão. Trata-se de um contraste interessante e faz parte da disputa de um caso que atraiu a atenção da mídia no mundo todo em razão da obstinada determinação da advogada.

Telefonei para Jacquie no dia seguinte e lhe pedi uma entrevista, que ela cordialmente me concedeu. Sinto grande admiração por essa advogada por causa de seu cérebro privilegiado, sua doçura e sua integridade. Ela não parece ter ideia da pessoa extraordinária que é. Jacquie e Tim, seu marido, por exemplo, têm sete filhos, e quando o sétimo era ainda um bebê ela entrou na universidade para estudar leis porque o sonho de sua vida sempre fora se tornar defensora dos direitos humanos. Vou contar agora uma parte dessa história que explica sua relutância em relação ao perdão.

Jacquie acabara de voltar do Timor Leste, onde havia trabalhado como diretora de uma agência de assistência humanitária após o referendo que determinou a separação entre esse país e a Indonésia. Havia tanta violência – massacres, estupros, incêndios e assassinatos – que essas imagens nunca mais se apagaram de sua mente.

Nós percorremos as clínicas do Timor Leste e todos estavam traumatizados. É como uma espécie de congelamento que se pode ver. As pessoas ficam totalmente passivas e não querem falar, não querem responder a nenhuma pergunta. O primeiro homem que entre-

vistei estava exatamente assim, da mesma forma que as mulheres que haviam sido estupradas. Houve muitos estupros cometidos pelos indonésios no Timor Leste, inclusive de bebês. As mães caminhavam levando nos braços seus bebês estuprados, e os médicos chamavam esse quadro de "dor generalizada". Era o trauma...

Jacquie voltou para casa porque os pais estavam morrendo. Ela conta: "A morte deles me fez valorizar a preciosidade da vida, e compreendi que devemos dedicar nossa existência não apenas a viver bem como também a ajudar os outros a fazer o mesmo. Sei que pode parecer patético, mas foi exatamente esse o efeito que a morte de meus pais teve sobre mim, o de reforçar a santidade da vida".

Jacquie ainda não usara seu diploma de advogada, mas após o funeral dos pais apresentou-se como voluntária para trabalhar na prestação de serviços comunitários legais. Logo conseguiu emprego permanente, o que a levou para um campo de detenção de refugiados.

"Em minha primeira visita vi no rosto daquela gente o mesmo trauma que testemunhara no Timor Leste, e o local era tão ruim quanto os campos infectos de lá. Fiquei absolutamente chocada, inclusive ao constatar que a outra advogada que me acompanhava nada percebera."

Jacquie não conseguia acreditar que havia crianças encarceradas e rodeadas de guardas.

Voltei indignada ao escritório, mas, algumas semanas depois, li no jornal um artigo sobre o doutor Aamer Sultan, um médico iraquiano que trabalhava no campo. Imediatamente telefonei e pedi para vê-lo. Tra-

tava-se de um homem fascinante, sobretudo em termos de perdão, porque fora capaz de perdoar tudo e todos.

Ele é um médico brilhante, mas quando falei das crianças suspirou e respondeu: "São a parte mais dolorosa do problema. Estou, na verdade, fazendo pesquisas sobre elas para escrever um artigo".

Pedi para ver algumas porque eu mesma estava envolvida em uma tese de mestrado sobre direito internacional. Ele apenas disse: "Quer vê-las? Talvez você não acredite, mas temos aqui uma criança catatônica".

E foi assim que Jacquie conheceu os Bedraie, uma família vinda do Irã. Esse menino, Shayan, já estivera cinco ou seis vezes no hospital para ser reidratado porque se recusava a comer. Tinha apenas 6 anos e já estava preso havia cerca de dezoito meses. Jacquie foi franca comigo sobre o fato de que a condição dessa família de refugiados era irrelevante para ela.

"Não queria nem mesmo conhecer sua história, não queria me envolver com eles; para mim, de início, era apenas uma questão de pesquisa forense."

Esse distanciamento desapareceu tão logo ela viu Shayan: "Eu sabia que o menino estava morrendo", explicou.

Olhei para ele e fui atingida por um dardo de gelo. Não consegui falar. Ele parecia um boneco pendurado nos ombros do pai. Rodeei o menino e percebi que sua cabeça pendia; segurei suas mãos, mas eram frias como gelo.

O dia estava frio e úmido e havia lama em toda parte. O cenário era revoltante, e a chuva penetrava no abrigo destinado à visitação. Falei com ele, mas não houve resposta. Movi as mãos diante de seu rosto. Nada, nenhuma reação. Senti uma vontade quase irrefreável de chorar.

Os pais do menino se mostraram muito, mas muito, passivos e submissos. Contaram-me o que viram e o que acontecera com eles, por isso quiseram depois se afastar de mim porque a conversa comigo os fizera reviver os horrores que haviam sofrido.

"Por que não gritam por um médico, por que não exigem seus direitos?", pensei, estarrecida, mas depois percebi que já haviam feito isso em vão, pois nada acontecera.

Quando deixaram o abrigo eu estava em lágrimas. Sentia vergonha e desgosto: eu era uma mulher privilegiada, recebera educação, sabia como agir. Meus filhos jamais passariam por situação semelhante. Mas aquela criança passara por tudo porque pertencia a uma família de refugiados.

Aquele menino tinha acaso menos valor que meus filhos? Seus pais seriam criminosos por não apresentar os documentos "certos"? E isso importa? Trata-se de uma criança inocente.

Jacquie tomou a decisão de não abandonar o menino e sua família à própria sorte. Mesmo ciente de sua inexperiência na área legal, decidiu lutar apesar das dificuldades. Ela sabia, inclusive, que o pedido de condição de refugiados feito pela família fora indeferido.

Mas para mim isso não importava. A criança contraíra a doença aqui, e presumi que isso fora consequência do trauma de ver um homem cortar os próprios pulsos no momento da detenção, enquanto o sangue brotava. Shayan pensara que o homem havia morrido, por isso ficou catatônico.

Antes de deixar o campo, eu disse àquela família: "Prometo que vou tirar vocês daqui", embora não tivesse a menor ideia de como faria isso. Mas a saúde da criança, enquanto isso, precisava sem dúvida melhorar.

Há em todo o planeta, todos os dias, milhões de pessoas desabrigadas que passam por grande sofrimento. Jacquie sabia disso, mas eram os Bedraie que estavam próximos dela e precisavam de ajuda. Não podia abandoná-los.

Além de advogada, Jacquie era também jornalista, por isso deu início a uma campanha durante a qual, entre outras medidas, levou a público uma arrepiante coleção de desenhos feitos por Shayan. Publicou também as fotos que havia tirado com uma câmera que "tomara emprestada" no campo. Dessa forma, logo conseguiu atrair a atenção da mídia internacional.

Os desenhos eram quase idênticos aos que eu vira no Museu do Holocausto, apenas as roupas diferiam. Havia também uma foto impressionante do homem que tentara cortar os pulsos.

A mãe de Shayan me entregara outros desenhos do menino que mostravam crianças chorando perto de cercas eletrificadas. Havia ainda um guarda com um cassetete. Segundo os desenhos, os cassetetes eram usados para coibir os motins ocorridos no campo. Shayan reproduziu também o furgão gradeado que o levava para o hospital.

Ele estava mais doente a cada dia e agora já fora hospitalizado nove vezes, mas não passara por exames nem uma vez sequer. A questão dos refugiados é vergonhosa, mas há outro fato igualmente alarmante: as pessoas que trabalham nos campos não se manifestam, nunca procuram a mídia, mas são bem pagas. É mais fácil, para mim, perdoar os guardas da prisão do que os servidores públicos que lá trabalham.

Depois de tomar conhecimento das condições de vida no campo de refugiados, Jacquie estava determinada a fazer a diferença, e logo a terrível história da família de Shayan ganhou as redes de televisão.

Serei capaz de algum dia perdoar? Não, e não creio que isso deva ser feito.

"Nessa altura dos acontecimentos, eu estava muito zangada. Esperava, como reação à minha história, por um grito geral da opinião pública exigindo a presença imediata no campo de psiquiatras infantis, enfermeiras, professores e médicos – todos os profissionais, enfim, que costumam cuidar das crianças. Mas nada disso aconteceu."

Shayan foi posto em regime de soro intravenoso, e isso o traumatizou ainda mais. Essa criança se encontrava em franco processo de destruição, e Jacquie estava longe de tratar a questão apenas do ponto de vista forense.

Essa família se tornara minha *família. Sei que a dedicação que dispensei ao caso, como advogada e como ser humano, custou o sacrifício de meus próprios filhos. Meu marido, sempre um excelente pai, ajudou muito cobrindo minhas constantes ausências. Mas resta o fato de que negligenciei meus filhos em favor do filho de outras pessoas. Essa criança, porém, corria grande perigo, de modo que seu caso se tornou uma verdadeira cruzada.*

O pedido da família pela condição de refugiados foi afinal reavaliado, enquanto a decisão anterior foi invalidada. Os Bedraie passaram então ao status genuíno de solicitantes de asilo.

Foi uma vitória quando a família conseguiu a condição de refugiados, mas eu queria levar o caso ao tribunal para exigir indenização pelo dano causado a Shayan – porque é isso que faz uma sociedade civilizada.

Precisei de muito tempo e esforço para convencê-los a prosseguir, mas por fim fomos ao tribunal. Eles [as autoridades] nos combateram de todas as formas e recorreram muitas vezes. O processo durou oito meses.

Shayan tem agora 13 anos e estuda em uma escola para excepcionais. Esteve sob enorme pressão durante uma fase decisiva para sua formação, entre 5 e 7 anos, e isso o atrasou intelectualmente, mas com esforço e paciência há chances de recuperação. Eu o observei durante uma festa na casa de Jacquie e ele me pareceu ótimo, um adolescente típico, de boné e tênis. Sua família tem uma vida bem melhor agora. Moram em uma casa que pertence a Shayan e finalmente se sentem em segurança. Amam seu novo lar.

Jacquie não está mais zangada, mas conseguiu perdoar?

"Não, não perdoei. Não perdoei os burocratas. Sei o nome de cada um deles porque li todos os documentos no tribunal. *Como* puderam deixar que isso acontecesse? Como?"

Perguntei se Jacquie preferia ser capaz de perdoar nessa situação específica.

Penso na existência de um fator que nos leva a desejar manter a raiva – porque tudo pode acontecer novamente.

Eu conheci sobreviventes do holocausto que frequentam uma sinagoga próxima de minha casa e descobri que todos eles perdoaram seus algozes. Nunca encontrei nenhum que não tivesse perdoado. Mas seus filhos, *por outro lado, não perdoaram, e nunca o farão. Eu sou como eles: nossa atitude tem relação com a necessidade de eterna vigilância, mas também se vincula à impunidade. Não há idade que justifique a falta de punição para os criminosos nazistas.*

Os Bedraie não estão cheios de indignação. Eles perdoaram, e Jacquie imagina que nunca se sentiram tão raivosos quanto ela. Aceitaram o risco de se refugiar em outro país porque foram expulsos de sua terra. O tempo, afinal, mostrou que sua esperança era válida.

"Eles são pessoas muito controladas, muito passivas, e superaram sua dor. Sim, eles perdoaram."

O apego a esse ressentimento prejudica, de modo geral, a vida de Jacquie?

Esse caso consumiu quase oito anos de minha vida, e eu passei por todos os estágios necessários para superar a morte. Para os Bedraie essa travessia pareceu menos penosa porque suas expectativas são muito diferentes das minhas.

Serei capaz de algum dia perdoar? Não, e não creio que isso deva ser feito. Em meu caso, talvez porque não estava entre as vítimas, eu me permito ser indulgente com minha posição. Cada um de nós é capaz de saber o que o próprio cérebro pode fazer, e eu sinto que meu cérebro ainda me permite sentir muita angústia. Assim, posso me dar a esse luxo. Mas os Bedraie, assim como os sobreviventes do holocausto, precisavam superar o ódio para se manter vivos. É uma questão de pura sobrevivência.

Fiquei emocionada quando compareci ao lançamento de *The bitter shore* [*A praia amarga*], o livro que Jacquie escreveu sobre o caso. A família Bedraie foi calorosamente aplaudida ao chegar à festa, e Zahra, a mãe de Shayan, perguntou se podia falar com os convidados. Claramente fora de sua zona de conforto, essa tímida mulher estava determinada a agradecer em público a dedicação de Jacquie, que transformou seu sonho em realidade.

39.

A dieta do perdão

O bad boy mais atraente do planeta é P. Diddy,* certo? Ele poderia até ler, em alto e bom som, a lista telefônica inteira que as mulheres, em toda parte, suspirariam, encantadas.

Em 2007 ele fez o lançamento de seu perfume, chamado Unforgiveable Woman [Mulher imperdoável]. É um nome original, mas que diabo significa? Acompanhei uma entrevista do ex-rapper na qual a jornalista lhe fez a pergunta que qualquer pessoa normal faria. Ela queria saber a razão da escolha do nome "Unforgiveable". Diddy explicou:

"Unforgiveable" é uma palavra positiva – na verdade tem a ver com o fato de você acreditar em si mesmo, ser capaz de dispensar a necessidade de pedir desculpas, ter autoconfiança, ser um líder. Se

* Sean John Combs, mais conhecido como P. (Puffy) Diddy, é produtor musical, ator e empresário norte-americano. Entre suas inúmeras atividades, já atuou como *rapper*. (N.T.)

não pedir desculpas, as pessoas não poderão perdoar você. Se você acredita em seu modo de ser ou é diferente, isso faz de você uma pessoa "imperdoável". É sua presunção, é sua confiança, é sua atitude.

Esse comentário combina à perfeição com a imagem pública altamente favorável ao marketing de Diddy, mas não posso dizer que gosto de vê-lo encorajando o lado "brucutu" das pessoas.

Talvez eu me mostre tão severa porque não tive essa ideia antes dele, embora meu suposto perfume devesse, é claro, chamar-se "Forgive".

Mas hoje de manhã eu tive outra ideia ainda melhor: "a dieta do perdão". Ainda é apenas um conceito, mas pode tornar-se uma forma infalível de chamar a atenção para esse tema que se revelou tão importante para mim. As dietas, embora tolas, sempre conseguem boa cobertura de quase todas as vertentes da mídia. Assim sendo, por que não "a dieta do perdão"?

Opa, acabo de me lembrar: não sei cozinhar, portanto seria temerário seguir minhas sugestões culinárias.

Mas há outro motivo que me leva a desaprovar a mania das dietas: a tendência que temos de cobrar tão duramente de nós mesmos o fato de ganhar peso. Desde que isso não ponha em risco a saúde, é melhor seguir o conselho de um amigo meu diante das queixas da esposa porque suas calças jeans novas estavam muito justas: "Compre um número maior".

A intolerância que demonstramos conosco mesmos em relação ao ganho de peso é o exemplo perfeito da autodepreciação que pode facilmente acabar com nossa alegria de viver. Se desprezarmos a *nós mesmos*, sentindo-nos sempre culpados por nossa aparência ou por qualquer erro que cometemos, com certeza nos tornaremos duros também com os outros e não daremos a eles nem mesmo o benefício da dúvida. Minha própria experiência me ensinou que a vida pode ficar presa aos destroços de questões não resolvidas.

Mas há outra arena na qual frequentemente a culpa nos afoga: nossos atos e desejos que contrariam os preceitos morais e religiosos que recebemos durante nossa formação. Fui criada no catolicismo e sou, portanto, uma especialista no assunto, embora vários amigos meus de origem judaica sempre brinquem dizendo que a culpa também jamais se afasta dos judeus. Não deveríamos então dar a nós mesmos a permissão de levar uma vida feliz e livre da culpa e da vergonha? E, se formos menos duros como nós *mesmos*, essa disposição magnânima não poderia estender-se àqueles que há muito consideramos nossos desafetos e inimigos?

Por falar em religião, é tentadora (ou não?) a oportunidade de brincar de Deus e determinar quem, dentre aqueles que pecaram contra nós, não merece perdão? E se decidirmos, no final dessa escalada insensata, que o próprio Deus não merece nosso perdão quando uma grande tragédia acontece?

Não sou psiquiatra nem PhD. Minha única qualificação em tudo isso vem do fato de que cometi um milhão de erros e reparei apenas alguns deles. Sei como é bom um aperto de mão motivado pela amizade depois de anos de rancor. Além disso, aprendi muito com a pesquisa que fiz para escrever este livro.

E, se formos menos duros com nós mesmos, essa disposição magnânima não poderia estender-se àqueles que há muito consideramos nossos desafetos e inimigos?

Vou contar a você outra coisa que descobri nesta aventura: as relações forjadas no contexto do entusiasmo compartilhado pelo poder do perdão tendem a ser positivas e solidárias. Já as amizades baseadas na paixão mútua pelo álcool, pelas drogas ou pelo crime provavelmente terão um destino suicida.

Adrianna Scheibner, por exemplo, tornou-se uma grande amiga, e em nossos encontros sempre falamos das coisas boas que nos ocorrem depois que nos libertamos do ódio e aprendemos a perdoar. Além disso, trocamos muitos livros que reforçam nossas convicções positivas.

O último livro que Adrianna me emprestou chama-se *Transcending the levels of consciousness* [*Como transcender os níveis da consciência*], do doutor David. R. Hawkins. Desculpe, doutor, espero que não se importe se eu reproduzir aqui um pequeno trecho de seu livro que achei maravilhoso:

Quando de boa vontade libertamos com o perdão alguém que odiamos porque nos ofendeu, não é essa pessoa que é posta em liberdade, e sim nós mesmos.

Aprecio um detalhe nos livros de autoajuda: o resumo dos pontos-chave apresentado em cada capítulo. Em *meu* caso, infelizmente, não pude apresentar pérolas de sabedoria suficientes para resumir no final de cada capítulo. Peço desculpas por isso, mas não sou como Oscar Wilde, lendário por seu talento em conceber frases agudas e inesquecíveis como: "Perdoe sempre seus inimigos – nada os enfurece tanto".

Tudo o que sei atualmente sobre perdão pode ser resumido nas dez sugestões que apresento a seguir.

1. Os seres humanos são conectados à felicidade (com meus agradecimentos a Candace Pert).

2. A vingança não é o que dizem dela aqueles que a louvam.

3. Se você não consegue lembrar o motivo por que odeia uma pessoa, está certamente na hora de libertá-la dessa prisão.

4. Não vale a pena abalar-se por pouca coisa. É melhor perdoar os pequenos erros dos outros pensando nos erros que todos nós cometemos. Isso favorece a paz dentro e em torno de nós, até porque é melhor não permitir que o barulho que os outros fazem nos incomode – e isso vale para qualquer hora e qualquer lugar.

5. Se você julga uma pessoa pelo que *acredita* que disse ou fez, é grande a possibilidade de

que ela veja a questão por outro ângulo. Quem está certo? Talvez *ela* esteja – ou quem sabe ninguém tenha razão. O perdão é sempre a atitude mais inteligente, sobretudo quando você pode estar errado.

6. Lembre-se: os rancores e o ódio intenso têm alto preço e causam rugas. Isso significa que você terá menos energia para as boas coisas da vida, como o amor, o riso e a felicidade.

7. As pessoas cheias de melindres, que se ofendem facilmente, brigam mais e tendem a guardar rancor, portanto é melhor mudar esse comportamento. É preferível aprender a ser menos sensível.

8. Viva o momento presente. Isso é tudo o que existe, e nada no mundo pode apagar o dia em que você magoou um amigo ou *alguém* magoou *você*. Já aconteceu e agora faz parte do passado. *Agora* é o momento certo de ser feliz, e a verdade é a seguinte: quando *você* perdoa, é você que recebe o prêmio.

9. Perdoe *a todos* (se puder)... Se baterem a porta na sua cara quando você trouxer um ramo de oliveira, não se importe. Afinal, você *ainda* se sente melhor do que na época em que carregava todo aquele rancor.

10. Não espere demais para perdoar.

P. S.: Sei que disse ter dez sugestões, mas acabo de me lembrar de outra, que é importante. Aqui está: as pessoas bonitas obtêm o perdão de seus deslizes com mais presteza do que as pessoas comuns. Todos nós sabemos disso, mas apenas quero dizer que não é culpa delas o fato de passarem mais facilmente pela vida. Assim, talvez fosse bom dar uma trégua a elas. Finalmente.

Este livro foi impresso pela Assahí Gráfica
em papel offset 75 g.